VENCENDO GIGANTES

VOCÊ JAMAIS SAIRÁ DERROTADO

Dedicatória:

*Ao Grande Deus Pai,
Nosso Senhor e Salvador
Jesus Cristo que pelo
Espírito Santo nos
inspirou na pesquisa e
redação deste livro.
Aos meus queridos filhos
Deivison, Natally e Carlos
Eduardo que me
apoiaram no momento
de intensa concentração
no preparo desta obra.*

CONTEÚDO

Prefácio

Este livro é fruto de intensa pesquisa e estudo adquiridos no decorrer do ministério como professor passando todo conhecimento exibidas e contidas nesse trabalho. Não há de minha parte nenhuma pretensão esgotar este assunto tão vasto e complexo a respeito dos gigantes, que na bíblia são mencionados. Esta obra é um opúsculo, para uma melhor compreensão dos amigos leitores e amantes da Palavra de Deus. Esse livro é fruto de imenso trabalho e dedicação do autor, e tem como objetivo agradar ao Senhor e ajudar a cada um dos leitores amigos a descobrir que tipo de gigante os aflige, e como vence-los.

Pr. Amarildo Silva, inverno de 2003.

VENCENDO GIGANTES

O estudo apresentado neste livro foi fruto de intensa pesquisa, e chegamos à conclusão que não há apenas um gigante mencionado na bíblia. O que me levou a pesquisar a respeito do assunto é que conheci um pastor, e nos tornamos amigos, só que todas as mensagens que ele pregava começava em um texto escolhido por ele e a conclusão do sermão sempre terminava na batalha de Davi e Golias. Um dia fiquei pensando: se o pastor amigo gosta tanto de concluir os sermões por ele elaborados na história dos gigantes Golias e os pequeninos Davi, vou pesquisar mais a respeito do nascimento dos gigantes. E foi aí que pela bondade de Deus que me abriu o leque do assunto e a revelação do mesmo para que este livro fosse escrito. A intenção aqui não foi para menosprezar o pastor amigo e nem os sermões por ele pregado, e sim para contribuir com os demais amigos de ministério. Espero que o desejado aconteça, e que esta obra seja uma fonte de inspiração aos colegas pregadores da Palavra de Deus, pois a mesma é tão tremenda e rica em conteúdo, que se torna muito triste ver alguém usufruir apenas de uma pequena parte dos textos. Sendo assim Deus, através de seu Espírito Santo me ajudou dando sabedoria para escrever este livro, e ajudará a cada um dos leitores a usufruir das descobertas de cada gigante citado nele. E não apenas descobrirmos, mas como fazer para vencê-los, porque neste livro o autor apresenta em linguagens metafóricas e através de parábola símbolos, tipos e alegorias, uma linguagem simples e de fácil compreensão a todos que o ler, e também o escritor procura colocar as ações que levam a nascerem os gigantes, mas também as reações dos que levaram a vencer os mesmos, e a maneira que devemos fazer e agirmos para também sairmos vencedores de todos os gigantes citados nesse livro. Que Deus lhe abençoe em Cristo e que o Espírito Santo lhe abra o entendimento para aprender mais e mais da Palavra de Deus, e assim como Deus abriu meu entendimento, abrirá o do amigo leitor.

Do seu irmão em Cristo,
Pastor Amarildo Silva

"Porque, se diligentemente guardardes todos estes mandamentos que vos ordeno para os guardardes, amando ao senhor vosso Deus, andando em todos os seus caminhos, e a Ele vos achegardes, também o Senhor de diante de vós lançará fora todas estas nações, e possuíreis nações maiores e mais poderosas do que vós.

Todo o lugar que pisar a planta do vosso pé será vosso; desde o deserto, e desde o Líbano, desde o rio, o rio Eufrates, até ao mar ocidental, será o vosso termo.

Ninguém subsistirá diante de vós; o Senhor vosso Deus porá sobre toda a terra que pisardes o vosso terror e o vosso temor, como já vos tenho dito".

Deuteronômio 11: 22-25

A palavra gigante é usada para definir homens corpulentos, ou de grande estatura. No entanto, a palavra Gigantesco nos dá a ideia de coisas e causas de grande impacto em nossa vida, por exemplo: REBELIÃO.

Neste livro, iremos ou pretendemos fazer

um breve estudo acerca dos gigantes: de onde vieram (suas origens), onde habitavam, como viviam e se comportavam, enfim, vamos aprender, juntos, a respeito dos seus costumes, seus pontos fortes e pontos fracos, etc.

Há algumas observações a serem consideradas no decorrer desta leitura: falaremos muitas vezes usando metáforas, fazendo comparação entre as situações bíblicas do passado, com os problemas que surgem hoje, na caminhada do cristão aqui na terra. Nada será mais esclarecedor a meu ver, que usar a figura dos GIGANTES, comparando-os com as aflições que nos atingem; às vezes essas aflições são causadas por situações que nada tem a ver com a nossa conduta, mas na maioria das vezes; são adquiridas pela nossa negligência em observar o que diz a Palavra de Deus.

Portanto, através da revelação que Ele me concedeu, procurarei compartilhar os ensinamentos do Pai, para que você caro leitor, irmão em Cristo, aprenda a lidar com seus problemas, enfrentando-os com coragem, sem desfalecer, olhando sempre para Jesus, o Autor e Consumador da fé.

Escrevi este livro com muito amor, e o meu maior desejo é que no decurso desta leitura, Deus abra o entendimento do irmão, para aprender como ser vitorioso nas diversas áreas de sua vida.

Espero que o leitor tire lições proveitosas para o seu dia a dia, e que o Espírito Santo de Deus, fale profundamente ao seu coração.

Nos laços do Calvário, seu irmão em Cristo.

Pastor Amarildo Silva.

VENCENDO GIGANTES

PARTE I

Pelo que analisamos na bíblia, o texto que dá segurança para abordar e fundamentar o tema a ser apresentado, se encontra no livro de **Gênesis 6:4** – *"Havia naqueles dias gigantes na terra, e também depois, quando os filhos de Deus entraram às filhas dos homens, e delas geraram filhos; estes eram os valentes que houve na antiguidade, os varões de fama"*.

Após a queda, o homem e sua família foram expulsos do Jardim do Éden, pelo próprio Deus.

A bíblia diz, no versículo anterior que: *"Os filhos de Deus entraram às filhas dos homens dando origem aos gigantes"*.
Quem eram os filhos de Deus e as filhas dos homens?
Há várias opiniões sobre os teólogos que expressam suas teses, e temos que analisar com muito cuidado e seguirmos o seguimento que for o

mais correto e coerente. Uma das fontes que vamos usá-la e analisar a luz da bíblia está no comentário bíblico Moody Vol. 1 escrito por Charles F. Pfeiffer e por Everett F Harrison, onde está escrito sobre o pecado e o dilúvio. As opiniões são diversas, mas é bom nós ficarmos atentos e concluirmos com aquilo que Jesus disse em resposta aos fariseus: **Mateus 22:30** *"porque na ressurreição nem se casam nem são dados em casamento, mas serão como os anjos de Deus nos céus"*.

Mediante a resposta de Jesus aos saduceus, não creio que tenham sido anjos decaídos que tomaram as filhas dos homens, mas sim acredito que os filhos de Deus retratados neste versículo tenham sido os descendentes de Sete, e as filhas dos homens tenham sido as descendentes de Caim. E aí mais uma vez, abriram as portas para Satanás operar, e então nasceram os gigantes.

Com essa opinião não quero aqui dizer que somos os donos da razão e nem a fonte da inteligência, apenas quero deixar claro que cheguei a esta conclusão pela resposta de Jesus aos saduceus acima citada. É bem verdade que a tradução de algumas palavras pelos grandes comentaristas da bíblia faz com que eles pensem de maneiras diferentes. É um direito que eles tem de apresentar suas opiniões, mas como já mencionei, escolhi meu segmento teológico baseado nas palavras do Mestre. Deixei o meu parecer para que tenhamos uma melhor abordagem do assunto, só que também não vejo muitas razões para ficar discutindo tais coisas, até porque o assunto que quero abordar e falar é acerca das *"uniões ilícitas"* e aquelas mesmas que foram entre o santo e o profano: as filhas dos homens com os filhos de Deus, que permitiram o nascimento dos gigantes. O propósito aqui é mostrar através de uma linguagem metafórica e lembrar a cada um dos leitores deste livro que quanto mais evitarmos uniões ilícitas menos gigantes vão nascer para nos causar desgosto, tristeza e amargura na alma.

<u>Conselhos</u>: vigiemos sempre e estejamos alerta acerca das propostas indecentes de Satanás: cuidado com as uniões ilícitas.

A raça mais antiga deles foram os Nefilins, que

eram os mesmos Zuzins.

Gênesis 14:5 – *"E ao décimo quarto ano veio Quedor-Laomer, e os reis que estavam com ele, e feriram aos refains em Asterote-Carnaim, e aos Zuzins em Hão, e aos Emins em Savé-Quiriatam"*.

Estes nasceram exatamente na ocasião descrita anteriormente. Foram derrotados porque os homens se rebelaram contra eles. Não foi o povo de Israel que os derrotou, eles sofreram as consequências da própria rebelião.

Podemos dar-lhe o título de Gigante da Rebelião. Trazendo para os nossos dias, vejamos o que esse gigante faz quando encontra espaço para agir no ser humano:

1. Afasta o homem de Deus;

2. Traz morte prematura;

3. Faz nascer desconfiança no coração do homem;

4. Laços de amizades são rompidos e;

5. Faz com que o homem perca a liberdade, se torne

6. um oprimido de Satanás.

Por que esse gigante consegue afastar o homem

de Deus? A bíblia diz em   **I Samuel 15:23ª**, que: "*A rebelião é como o pecado de feitiçaria*", ou seja, a pessoa que a pratica está sujeita ao mesmo castigo imposto aos feiticeiros, vejamos:

Êxodo 22:18 – "*A feiticeira não deixarás viver*".

Ou ainda:

Levíticos 20:27 – "*Quando, pois, algum homem ou mulher em si tiver um espírito adivinho, ou for encantador, certamente morrerão; com pedras se apedrejarão; o seu sangue é sobre eles*".

Em ambas as passagens bíblicas, lemos que: os feiticeiros serão mortos.

No livro de **Apocalipse 22:15** é afirmado que, entre outros pecados, os feiticeiros não entrarão no céu, portanto, cuidado, pois os que praticam rebelião correm o mesmo risco.

Não deixe o diabo enganá-lo! A palavra REBELIÃO, vem de Rebeldia, que significa conspiração, maquinação, trama, etc.

Gênesis 34:18 – "*E suas palavras foram boas aos olhos de Hamor, e aos olhos de Siquem, filho de Hamor*".

Embora o versículo acima relate uma

situação em que tudo parece estar bem, se lermos todo o capítulo trinta e quatro do livro de Gênesis, encontraremos neste relato não só rebelião, mas revolta (insubordinação, perturbação moral, indignação) e revolução (mudança violenta de governo, agitação, etc...), que fazem parte da Rebeldia.

Deus conhece os corações rebeldes:

Deuteronômio 31:25-30 – *"Deu ordem Moisés aos levitas que levaram a arca do concerto do Senhor, dizendo: - Tomai este livro da lei, e ponde-o ao lado da arca do concerto do Senhor vosso Deus, para que ali esteja por testemunha contra ti.*

Porque conheço a tua rebelião e a tua dura cerviz; eis que, vivendo eu ainda hoje convosco, rebeldes fostes contra o Senhor; e quanto mais depois da minha morte.

Ajuntai perante a mim todos os anciãos das vossas tribos, e vossos oficiais, e aos vossos ouvidos falarei estas palavras, e contra eles por testemunhas tomarei os céus e a terra.

Porque eu sei que depois da minha morte, certamente vos corrompereis, e vos desviareis do caminho que vos ordenei; então este mal vos alcançará nos últimos dias, quando fizerdes mal aos olhos do Senhor, para o provocar à ira com a obra das vossas mãos.

Então Moisés falou as palavras deste cântico aos ouvidos de toda a congregação de Israel, até se acabarem".

Esta passagem que acabamos de ler, continua falando deste pecado (gigante). Corremos o risco de nos tornarmos rebeldes, quando nos afastamos da vontade de Deus; não priorizamos a Sua obra; não obedecemos a Sua Palavra; esquecemos de tudo o que Ele fez e faz em nossas vidas; não damos valor aos Seus feitos e desobedecemos às nossas lideranças; viramos-lhe as costas do mesmo modo que o povo de Israel, como está descrito no **Salmo 78:40-42**:

"Quantas vezes o provocaram no deserto, e o ofenderam na solidão!

Voltaram atrás, e tentaram a Deus. E duvidaram do Santo de Israel.

Não se lembraram do poder da sua mão, nem do dia em que os livrou do adversário".

Obs.: Obedecer significa: *"Submeter-se à vontade*

de outrem e, executá-la".

Assim, o nosso papel como cristãos salvos por Jesus é: Obedecer a Deus em primeiro lugar, sobre todas as coisas:

Atos 5:29 – *"Porém, respondendo Pedro e os apóstolos, disseram: Mais importa obedecer a Deus do que aos homens"*.

Ou ainda:

Hebreus 11:8 – *"Pela fé, Abraão, sendo chamado, obedeceu, indo para um lugar que havia de receber por herança; e saiu, sem saber para onde ia"*.

Obedecer aos nossos pais (que é o primeiro mandamento com promessa):

Êxodo 20:12 – *"Honra a teu pai e a tua mãe, para que se prolonguem os teus dias na terra que o Senhor teu Deus te dá"*.

Efésios 6:1 – *"Vós, filhos, sede obedientes a vossos pais no Senhor, porque isto é justo"*.

Aos nossos patrões, pois são eles quem nos dão salário para o sustento da família:

Efésios 6:5-8 – *"Vós, servos, obedecei a vossos senhores segundo a carne, com temor e tremor, na* *sinceridade de vosso coração como a Cristo.*

Não servindo à vista, como para agradar aos homens, mas como servos de Cristo, fazendo de coração a vontade de Deus;

Servindo de boa vontade como ao Senhor, e não como aos homens. Sabendo que cada um receberá do Senhor todo o bem que fizer, seja servo, seja livre".

As mulheres devem obediência aos seus maridos, como Sara obedecia a Abraão:

I Pedro 3:5-6 – *"Porque assim se adornavam também antigamente as santas mulheres que esperavam em Deus, e estavam sujeitas aos seus próprios maridos;*

Como Sara obedecia a Abraão, chamando-lhe senhor; do qual vós sois filhas, fazendo o bem, e não temendo nenhum espanto".

Conclusão: O que fazer quando o gigante da rebelião se levantar?

-   Opor-se contra ele e, enfrentá-lo:

Tiago 4:7 – *"Sujeitai-vos, pois, a Deus, resisti ao diabo e ele fugirá de vós".*

- Ouvir atentamente os conselhos de Deus:

Êxodo 23:20-33 – *"Eis que eu envio um anjo diante de ti; para que te guarde neste caminho, e te leve ao lugar que te tenho aparelhado.*

Guarda-te diante dele, e ouve a Sua voz, e não o provoques à ira, porque não perdoará a vossa rebelião; porque o meu nome está nele" - Até o versículo trinta e três, os conselhos que, obedecidos, garantiam ao povo o cumprimento das promessas de Deus".

 - Usar as armas certas contra ele (o gigante).

Efésios 6:10-18 – *"No demais, irmãos meus, fortalecei-vos no Senhor e na força do seu poder.*

Revesti-vos de toda armadura de Deus, para que possais estar firmes contra as astutas ciladas do diabo" ...

Se você ainda não é um cristão, precisa, em primeiro lugar, receber a Jesus como seu Senhor e Salvador, para adquirir o direito de usar o nome dele. Agora, se já se tornou um filho de Deus, é preciso deixar-se guiar completamente pelo Seu Espírito.

O Espírito de Deus não promove rebelião, ao

contrário, procura nos trazer à comunhão plena com Ele:

II Cor. 13:13 – *"A graça do Senhor Jesus Cristo, e o amor de Deus, e a comunhão do Espírito Santo seja com vós todos. Amém"*.

VENCENDO GIGANTES

PARTE II

Seguindo a ordem dos fatos:

1º - Uniões ilícitas;

2º - Nascimento de gigantes;

3º - O gigante da rebelião entra em cena;

4º - Exemplos de pessoas que deram lugar para o nascimento desse gigante;

5º - Resultado da colheita de tal atitude;

6º - Conselhos para não cometermos os mesmos erros e sim aprendermos a não cedermos as uniões ilícitas para não colhermos rebeliões, contendas e desgraças para as nossas vidas.

Na introdução desde livro, vemos a passagem de **Deuteronômio 11: 22-25**, na qual Moisés fala ao povo acerca dos benefícios da obediência. Vemos a mesma orientação em **I Samuel 15:22-23a**: *"Porém, Samuel disse: Tem porventura o Senhor, tanto prazer em holocaustos e sacrifícios, como em que se obedeça à palavra do*

Senhor? Eis que o obedecer é melhor do que o sacrificar, e o atender melhor é do que a gordura de carneiros. Porque a rebelião é como o pecado de feitiçaria, e o porfiar é como iniquidade e idolatria".

A palavra "porfia", significa contenda de palavras e "porfiar" significa, discutir, questionar obstinamente.

Não podemos discutir as ordens de Deus e sim obedece-las, porque a vontade de Deus ainda que pareça ser ruim no momento que recebida, vamos aprender mais tarde que Deus sempre tem razão e que tudo o que Ele faz é perfeito, lembre-se, Deus conhece o futuro, não questione mas sempre obedeça, não faça e nem ceda as uniões ilícitas para não cair em desgraça. A Respeito do Porfiar, descobrimos algumas coisas,

- A primeira é que o porfiar é iniquidade – **I Samuel 15:23** – *"Porque a rebelião é como o pecado de feitiçaria, e o porfiar é como iniquidade e idolatria. Porquanto tu rejeitas-te a palavra do Senhor, Ele também te rejeitou a ti para que não sejas rei."*

- A segunda, podemos aprender a respeito do porfiar e do contender com Deus, e que, ninguém que contendeu com Ele teve paz – **Jô 9:4** – *"Ele é* *sábio de coração, poderoso em forças; quem se contendeu contra ele teve paz?"*.

Enfatizamos esses dois versículos, tomando-os como alvo e objetivo do nosso estudo. Falaremos, nessa segunda parte, a respeito das uniões ilícitas, que acarretaram vários problemas ao homem, ao ponto de Deus, aborrecido, citar em **Gênesis 6:3** *"Então disse o Senhor: Não contenderá o meu Espírito para sempre com o homem; porque ele também é carne; porém os seus dias serão cento e vinte anos"*.

Isto quer dizer que o Espírito de Deus já havia se entristecido, e quando isso ocorre, traz consequências desastrosas para a vida do cristão:

- Ausência de comunhão com o Espírito Santo.

No passado, quando o Espírito de Deus se entristecia com o homem, este ausentava-se dele. É importante ressaltar que o Espírito Santo ainda não havia sido dado em caráter permanente, portanto este entristecimento fazia com que o Espírito Santo se ausentasse antes do previsto. Veja o exemplo de Sansão.

Juízes 16:21 *"Então os filisteus pegaram nele, e lhe arrancaram os olhos, e fizeram-no descer a Gaza, e* *amarraram-no com duas cadeias de bronze, e andava ele moendo no cárcere*"...

Como estamos falando do Antigo Testamento e da vida de um homem escolhido por Deus, que sendo Narizeu cometeu o erro de ter um caso com uma mulher que não era da linhagem de Israel, podemos observar o que está união ilícita lhe causou, quais foram suas consequências:

1º - Sansão caiu na mão de seus inimigos;

2º - Perdeu não só sua visão, mas seus próprios olhos;

3º - Devido seu pecado foi levado por seus inimigos à cidade de Gaza, que significa "forte". Até aquele dia o único forte que conseguiu dominá-lo foi o Senhor dos Exércitos;

4º Foi amarrado, perdeu sua liberdade, e foi preso com duas cadeias de bronze;

5º - Foi obrigado a rodar o moinho para os seus inimigos, trabalho que era feito por animais. Sansão fazia este trabalho no cárcere.

Tudo isto aconteceu depois da união indevida entre Sansão e Dalila. Que tamanho de gigante que nascera a Sansão! Ele que era considerado o homem mais forte de seus tempos, se via agora no cárcere, sendo humilhado e exposto pelos seus inimigos. Ainda bem que ao continuarmos a leitura da Bíblia a este respeito, vemos que ele se arrependeu e pediu perdão ao Senhor, e o Espírito Santo tornou a descer sobre ele uma última vez, o fazendo matar mais inimigos em sua morte do que em sua vida, o que o fez um tipo de Cristo porque, da mesma maneira que o Senhor Jesus através de sua morte perdoou os pecados da humanidade dando a oportunidade de vida eterna para aqueles que o aceitarem, Sansão através de sua morte libertou o povo judeu de seu maior inimigo, os filisteus.

É importante ressaltarmos que estamos demonstrando através do exemplo de Sansão como as uniões ilícitas podem acarretar não só problemas, mas também o entristecimento do Espírito Santo. Sansão era um homem escolhido por Deus, e como já citamos anteriormente o Espírito Santo não permanecia no homem em caráter permanente.

Devido ao pecado de Sansão (sua escolha de se relacionar com uma mulher que não era israelita) o Espírito do Senhor se retirou dele, o que lhe acarretou todos os problemas vistos anteriormente. Porém com uma simples atitude de Sansão em reconhecer o seu pecado o Espírito do Senhor retornou a ele, e o fez cumprir o seu ministério.

Fica ainda uma pergunta a você leitor: Você já entristeceu o Espírito de Deus? Uma das formas deste gigante se levantar e trazer problemas em nossas vidas como vimos é através das uniões ilícitas. Lembre-se que o Senhor é imutável, e é o mesmo tanto no Antigo como no Novo Testamento.

O mesmo caso de Sansão ocorreu com o povo de Israel:

Ezequiel 11:22-23 *"Então os querubins elevaram as suas asas, e as rodas os acompanhavam, e a glória do Deus de Israel estava no alto, sobre eles."*

E a glória do Senhor, se alçou desde o meio da cidade e se pôs sobre o monte que está no oriente da Cidade "... O Espírito do Senhor se retirou do meio deles.

Do mesmo modo que Sansão se contaminou com Dalila, o povo de Israel se contaminou ao firmar aliança com deuses estranhos, fazendo com que o a glória de Deus se retirasse de Jerusalém e especialmente do templo, que é uma simbologia do cristão. Quando a glória de Deus deixou a cidade diversas coisas aconteceram, como por exemplo, a ruína do templo e a tristeza que se apossou do povo. Não se ouvia naquela época sequer uma voz de júbilo. Se prosseguirmos o estudo da bíblia veremos que a glória de Deus abandonou a cidade, mas foi para aqueles que estavam cativos, porque apesar de terem sido levados para o cativeiro estes estavam cumprindo a vontade de Deus. O motivo pelo qual o Senhor os permitiu serem levados era para que estes fossem purificados da idolatria, ou seja, das uniões ilícitas.

A realidade é que o Espírito Santo se entristeceu com a nação de Israel, e por isso retirou-se junto com aqueles que haviam sido feitos prisioneiros para a Babilônia. Resta ainda uma pergunta: Jeremias, profeta da época, não tinha o Espírito Santo de Deus em sua vida? Sem dúvida Jeremias tinha o Espírito do Senhor, porém Deus lhe deu a opção de escolher aonde ficar, e ele decidiu permanecer em Jerusalém.

O Espírito Santo como já falamos vinha sobre alguém e o usava para fazer alguma obra que estivesse na vontade de Deus, como por exemplo Bezaleu e Aoliabe para fazer os utensílios do tabernáculo; na vida dos profetas para profetizar, e assim terminada a obra de Deus o Espírito do Senhor se retirava por ter sido dado em caráter provisório. E hoje depois da vinda de Cristo e do derramamento no dia de Pentecostes, o Espírito Santo ainda se retira de algumas pessoas caso se entristeça? Não podemos de maneira alguma, deixar que isso aconteça conosco, porque se Ele se ausentar de nós, ficamos vulneráveis aos ataques do maligno. Continuando, se o Espírito de Deus se retira,

1º - Os dias de vida são abreviados. No antigo Testamento eles foram reduzidos para cento e vinte anos, como por exemplo Moisés, Josué e outros que morreram antes ou com a idade acima citada. Não que eles fossem o alvo do desprezo de Deus, mas estamos comentando a respeito da decisão que Deus tomou, não só na vida de Moisés e outros, mas dos seres humanos em geral, usamos os nomes citados acima por estarem eles na bíblia registrados. E nos nossos dias, o período de vida na terra foi reduzido para setenta anos.

Salmos 90:10 *"A duração da nossa vida é de*

setenta anos, e se alguns pela sua robustez, chegam a oitenta anos, o melhor deles é canseira e enfado, pois passa rapidamente, e nós voamos".

Caro leitor, veja quanto prejuízo nos causa o afastamento de Deus, quando o Seu Espírito se entristece:

Hoje depois da vinda de Cristo e do derramamento no dia de pentecoste o Espírito Santo ainda se retira da vida das pessoas que o entristece?

Observação: O Espírito Santo só deixava de vir sobre a vida de alguém quando o mesmo o resistia em desobediência como está escrito no livro do profeta **Isaias 59:2** - *"Mas as vossas iniquidades fazem divisão entre vós e o vosso Deus, e os vossos pecados encobrem o seu rosto de vós, para que vos não ouça..."*

Mas o pecado no antigo testamento e até hoje para quem não aceitou e não aceita a Cristo como salvador ainda reina em suas vidas e por esse motivo que há uma separação, mas para o crente em Jesus o pecado já não mais reina porquê? Ele recebeu a Cristo como salvador e quem o convenceu foi Espírito Santo, Eu não estou falando de batismo com o Espírito Santo e nem de falar em novas línguas e sim da ação de crer e aceitar a cristo como Salvador, mas a pergunta que ainda está em pauta é, O Espírito Santo se retira do Crente hoje? O Espírito santo como Deus resiste o pecado, mas através da morte de Jesus Cristo na cruz do calvário e a aceitação desta obra maravilhosa nós dá o direito de sermos chamados filhos de Deus e o filho tem o DNA do Pai e nunca deixa de ser filho outra coisa que é necessário ressaltar é que o Espírito Santo clama Aba Pai **Romanos 8:15-16** *"Porque não recebeste o Espírito de escravidão, para, outra vez, estardes em temor, mas recebestes o Espírito de adoção de filhos, pelo qual clamamos Aba, Pai, o mesmo Espírito testifica com o nosso Espírito que somos filhos de Deus."*

Há outra observação a ser feita é que o Espírito Santo é um dom de **Deus Atos 10:45** *"E os fiéis que eram da circuncisão, todos quantos tinham vindo com Pedro, maravilharam-se de que o dom do Espírito Santo se derramasse também sobre os gentios."*

E A Bíblia diz; que os dons de Deus são irrevogáveis **Rom 11:29** *"Porque os dons e a vocação de Deus são irrevogáveis."*

E sabendo que assim é então descobrimos que Deus não tira o que Ele dá, a salvação é através de crermos no sacrifício de Jesus na cruz do calvário, agora uma vida cheia do Espírito Santo é outro detalhe, há um texto que nos pode dar uma luz concernente a esse assunto está em **1 Coríntios 5:1-5** leia atentamente, o jovem que havia cometido tal coisa ia sofrer danos terríveis mas contudo o espírito seria salvo olhando por este lado o Espírito Santo iria se retirar dele e aí sofreria o dano na carne, e bom notarmos que ainda estamos falando de uniões ilícitas e aquele jovem havia entrado em uma união ilícita e sofreria os mesmos danos que Sansão; cumpriu o ministério mas morreu ainda jovem, cuidado querido irmão com as uniões ilícitas para que não ocorra que o Espírito Santo se entristeça com você, porque se acontecer isso pode acarretar vários problemas e um deles é a: Morte Prematura –

Salmos 90:8-9 *"Diante de ti puseste as nossas iniquidades; os nossos pecados ocultos à luz do Teu rosto. Pois todos os nossos dias vão passando na tua indignação; acabam-se os nossos anos como um conto ligeiro"*.

É bom lembrarmos que a palavra de Deus tem

as respostas para esse assunto de maneira tremendas, por exemplo, a nação de Israel ir para o cativeiro, era uma disciplina da parte de Deus que visava a transformação do povo e fazê-los entender que não era um lugar, mas sim a maneira de adorar ao Senhor.

Na vida do jovem citado por Paulo **em I Coríntios 5:1-5** era a visão da restauração, coube ao Apóstolo Paulo, mandar fazer a parte humana e deixar a parte divina com o Espírito Santo. A decisão era do jovem permitir-se ouvir a voz do Espírito Santo e se arrepender e ir para o céu, ou não e ir para o inferno; mas ao lermos a II carta aos Coríntios, descobrimos que ele se arrependeu, ai então notamos que o Espírito Santo continuou a falar com ele e convencê-lo, e ele ouviu a voz do Espírito Santo, que assim aconteça com alguns "crentes" que estão na mão de satanás com a permissão de Deus, e Satanás está a tocar em suas carnes e que através dessa correção, venham aprender e ouvir a voz do Espírito Santo dizendo: Arrepende-te! Lembre-se que o homem tem livre arbítrio.

Como já lemos anteriormente, nascimento de gigantes, por causa da corrupção do gênero humano. – **Gênesis 6:6-7** -"*Então se arrependeu o Senhor de haver feito o homem sobre a terra, e pesou-lhe em seu coração; e disse o Senhor: Destruirei de sobre a face da terra, o homem que criei desde o homem até ao animal, até ao réptil, e até a ave dos céus; porque me arrependo de os haver feito...*".

Ele, realmente, quis pôr um fim à raça humana, porém a Bíblia diz em **Gênesis 6:8** "Noé, *porém achou graça aos olhos do Senhor...*"

O amor insondável de Deus prevaleceu, e continua até hoje preservando as nossas vidas. Ainda, falando a respeito de Noé, Deus sempre levanta alguém dentre os mortais para executar Seus desígnios. Ele viu no seu servo qualidades que lhes chamou atenção: **Gênesis 7:1** "*Depois disse o Senhor a Noé: Entra tu e toda a tua casa na arca, porque te hei visto justo diante de mim nesta geração*".

Em meio àquela geração corrompida, Noé continuava crendo em Deus, e, se mantendo em retidão para com Ele, procurando andar com integridade diante do Senhor, justo com sua família.

É importante enfatizar que os gigantes não vieram da descendência de Noé, mas do seu filho Cão, ou seja, os Cananeus, que eram um dos ANAQUINS (Gigante). Havia três famílias de gigantes: os filhos de Sesai; os filhos de Aimã, e os da família de Talmai. **Números 13:22** "*E subiram para a banda do sul, e vieram até Hebrom; e estavam ali Aimã, Sesai e Talmai, filhos de Anaque; e Hebrom foi edificada sete anos antes de Zoã no Egito*".

<u>Comentário</u>: se os gigantes que nasceram antes do dilúvio morreram todos, ou antes, e se na arca só entrou Noé e sua família, então de onde vieram os gigantes depois do dilúvio? As três famílias que a bíblia diz que existiram.

Primeiramente é necessário lermos e descobrirmos as razões que levaram os gigantes a nascerem antes do dilúvio, que foram as uniões ilícitas.

Ou seja, o pecado proliferado depois do dilúvio através do descendente de cão, aquele filho de Noé que havia desonrado seu pai **Gênesis 9:22.** "*E viu Cão o pai de Canaã, a nudez de seu pai, e fê-lo saber ambos seus irmãos, e fora*".

E por aquela atitude praticada, foi Cão amaldiçoado. **Gênesis 9:25** *"E disse: maldito seja Canaã servo dos servos seja aos seus irmãos"*.

Foi exatamente aí que começou a proliferação do mal. Porque através deste episódio foi aberto as portas outra vez para satanás operar e mais tarde nasce os gigantes e essa é uma das "razões" que eu Pastor Amarildo Silva fui impulsionado a escrever este livro através de uma linguagem simples mostrar que os gigantes podem ser vencidos e derrotados, mas, se abrirmos as portas para o pecado será muito fácil nascerem mais gigantes, temos que ficarmos de olhos bem abertos para não permitirmos brechas para satanás atuar e não sermos os canais da entrada dos gigantes a esse mundo e também não sermos os geradores de problemas do nosso cotidiano, nem para nós e nem para os nossos semelhantes.

Um dos gigantes pertencente aos Anaquins possuía seis dedos em cada mão e seis dedos em cada pé, vinte quatro dedos ao todo, mas falaremos deste gigante mais a frente, bem como os pontos a serem destacados.

VENCENDO GIGANTES

PARTE III

O Gigante do leito de ferro.

OGUE, um dos gigantes, era chefe de uma das famílias citadas. Ele era rei de BASÃ, e tinha sob seu comando sessenta cidades. Ele veio contra o exército de Israel para impedi-los de possuir a terra. O histórico da vida deste rei, ficou registrado para o nosso aprendizado. Vemos que ele foi um dos únicos sobreviventes de sua família e restaram-lhe somente as sessenta cidades (Seis é o número do homem).

Vemos que os números referentes à vida de OGUE muito têm a dizer a respeito de quem ele realmente era. Por exemplo, seu leito era de ferro, para suportá-lo, pois era portador de uma estatura gigantesca, cujas medidas descritas na Bíblia eram: nove côvados de cumprimento, que é aproximadamente, quatro metros e meio, com quatro côvados de largura, que é aproximadamente de dois metros. Se observarmos os significados de tais números descobriremos que:

- O número nove significa: limitação; domínio humano; manifestação do mal;

- O número quatro representa o mundo, ou seja, fraqueza, fracasso;

- O número seis representa o número do homem, portanto ele era uma pessoa limitada;

O ferro dá a ideia de resistência passageira, como se lê na visão da estátua de Nabucodonosor, cuja parte de ferro representa o Império Romano. **Daniel 2:33** "*As pernas de ferro; os seus pés em parte de ferro e em parte de barro*".

O ferro também representa jugo. **Jeremias 28:13** "*Vai, e fala a Hananias dizendo: Assim diz o Senhor: jugos de madeira quebraste, mas em vez deles farás jugos de ferro*".

O jugo nos fala de escravidão, falta de liberdade, opressão, etc. Mas, não nascemos para viver debaixo de jugo, ou seja, Deus nos criou para a liberdade em Jesus Cristo:

"*Eu sou o Senhor vosso Deus, que vos tirei da*

terra dos egípcios para que não fosseis seus escravos e quebrei os timões do vosso jugo, e vos fiz andar direito" **Levíticos 26:13.**

"Porque tu quebraste o jugo que pesava sobre ele, a vara que lhe feria os ombros, e o cetro do seu opressor como no dia dos midianitas" **Isaías 9:4**.

Já fomos libertos e não devemos voltar a viver debaixo do jugo, ou como escravos novamente. **Gálatas 5:1** *"Estais, pois, firmes na liberdade com que Cristo nos libertou, e não torneis a meter-vos debaixo do jugo da servidão"*.

Vamos ficar somente, com o jugo de Jesus. **Mateus 11:29** *"Tomai sobre vós o meu jugo, e aprendei de mim, que sou manso e humilde de coração; e encontrareis descanso para as vossas almas"*.

Usarei a figura do Leito de Ferro, para, à luz da Bíblia, trazer alguns ensinamentos para os casais.

- Leito sem Amor: **Efésios 5:25-29** *"Vós, maridos, amai vossas mulheres, como também Cristo amou a igreja, e a si mesmo se entregou por ela, para a santificar, purificando-a com a lavagem da água,* *pela palavra. Para a apresentar a si mesmo igreja gloriosa, sem mácula, nem ruga, nem coisa semelhante, mas santa e irrepreensível. Assim devem os maridos amar as suas próprias mulheres, como a seus próprios corpos. Quem ama a sua mulher, ama-se a si mesmo. Porque nunca ninguém aborreceu a sua própria carne; antes a alimenta e sustenta, como também o Senhor à igreja".*

- Leito sem Sensibilidade: onde, não há delicadeza de sentimentos.

- Leito sem Carinho: não existe meiguice, trocas de carícias.

- Leito sem Afeto: ausência de afeição, amizade, cumplicidade.

- Leito não Compartilhado: são como estranhos um ao outro, não há partilha nessa união.

- Leito em que a Carne, ou seja, o velho homem impera: em todos os sentidos.

- Leito Egoísta: só um manda, ou não se sabe quem é que manda mais, Exemplo: Eu pago as contas, eu que ponho alimento em casa...

- Leito Frio: onde não existe troca, ou a menor

demonstração de afeto, carinho, compreensão mútua, etc.

- Leito sem Frutos de misericórdia: Não há perdão ou compreensão.

Enfim

- Leito sem Esperança: expectação de um bem desejado. – **Salmos 42:5** "*Por que estás abatida, ó minha alma, e porque te perturbas em mim? Espera em Deus, pois ainda o louvarei na salvação da sua presença*".

Se, o leito do seu casamento é ou tem sido de ferro, existe algo poderoso que pode amolecer o ferro, e esse elemento é o Fogo.

Coloque o seu leito de ferro no fogo da oração, e ele se tornará maleável, moldável. Se o fogo estiver baixo, aumente a temperatura no fogo do amor. Procure elevar a temperatura do fogo da esperança.

Habacuque 3:17-19 "*Porquanto, ainda que a figueira não floresça, nem haja fruto na vida, o produto da oliveira minta, e os campos não produzam mantimento, as ovelhas da malhada sejam arrebatadas, e nos currais não haja vacas.*

Todavia eu me alegrarei no Senhor, exultarei no Deus da minha Salvação. Jeová, o Senhor, é minha força. E me fará andar sobre as minhas alturas".

Aumente a temperatura no fogo da fé e não desista, tenha confiança. **Hebreus 11:6** *"Ora, sem fé é impossível agradar-lhe; porque é necessário que aquele que se aproxima de Deus creia que Ele existe, e que é galardoador dos que o buscam".*

E, ainda; **Hebreus 11:1-3** *"Ora, a fé é o firme fundamento das coisas que se esperam, e a prova das coisas que não se vêm. Porque por ela os antigos alcançaram testemunho".*

Pela fé entendemos que os mundos pela palavra de Deus foram criados; de maneira que aquilo que se vê não foi feito do que é aparente. Coloque o seu leito de ferro no fogo da fé até derretê-lo, então, o Espírito Santo poderá e irá moldá-lo.

Como levantar a temperatura do fogo.

Primeiro, crendo que Deus faz o impossível, como fez com Abraão e Sara – **Gênesis 21:1-8** *"E o Senhor visitou a Sara, como tinha dito; e fez o Senhor a Sara como tinha falado.*

E concebeu Sara, e deu a Abraão um filho na

sua velhice, ao tempo determinado que Deus lhe tinha dito.

E chamou Abraão o nome de seu filho que lhe nascera, que Sara lhe dera, Isaque.

E Abraão circuncidou o seu filho Isaque, quando era da idade de oito dias, como Deus lhe tinha ordenado.

E era Abraão da idade de cem anos, quando lhe nasceu Isaque seu filho.

E disse Sara: Deus me tem feito riso; todo aquele que o vir, se rirá comigo.

Disse mais: Quem diria a Abraão, que Sara daria de mamar a filhos? porque lhe dei um filho na sua velhice.

E cresceu o menino, e foi desmamado; então Abraão fez um grande banquete no dia em que Isaque foi desmamado".

Em seguida, aceitando a Sua Palavra, como fez Ana e começou a dar frutos.

Um dos símbolos do Espírito Santo é o fogo. O fogo queima as impurezas. **Mateus 3:11** *"E eu, em verdade, vos batizo com água, para o arrependimento; mas aquele que vem após mim é* *mais poderoso do que eu; cujas alparcas não sou digno de levar; ele vos batizará com o Espírito Santo, e com fogo".*

Êxodo 13:21 *"E o Senhor ia adiante deles, de dia numa coluna de nuvem, para os guiar pelo caminho, e de noite numa coluna de fogo, para os alumiar, para que caminhassem de dia e de noite".*

O Espírito Santo é o único que pode convencer o homem do pecado.

<u>Conclusão</u>: quem venceu este, chamado o gigante do leito de ferro, "Ogue Rei de Basã" foi o povo de Israel, porque lutaram juntos. Por isso devemos unir as nossas forças - povos.

A união da Igreja deverá ser baseada em um só pensamento e Concordância.

Feito isto, haverá reconciliação dos casais e de suas respectivas famílias, e com as pessoas de um modo geral.

O gigante tinha uma cama para o seu repouso, e esta, era bem resistente, ele saía para guerrear e, sabia de antemão, que, ao voltar, "Sua cama já estava pronta".

Temos que quebrar também em nossas vidas mais

este tropeço denominado de: "O Gigante da cama de ferro".

É necessário termos um posicionamento enquanto cristãos para evitarmos que este gigante se aposse ou volte a se apossar de nossas vidas – **Apocalipse 3:15** " *Eu sei as tuas obras, que nem é frio nem quente; oxalá foras frio ou quente*".

Se formos quentes – isto é fervorosos no Espírito – este gigante não terá entrada em nossos lares, nem mesmo em nossas mentes; se formos frios ao menos temos a oportunidade de mudar – para aqueles que desejam a transformação. Se formos mornos, porém, acabamos num estado de acomodação, pois não nos julgamos frios, não sentindo a necessidade de mudança, nem tão pouco nos esforçamos para sermos quentes, isto é, fervorosos, e então o gigante encontra o local adequado para seu repouso, pois você se tornou um leito de ferro, sem necessidade de mudança.

VENCENDO GIGANTES

PARTE IV

Já estudamos a respeito de dois gigantes: primeiro, o gigante da rebelião, o segundo, demos-lhe o título de: Gigante do leito de ferro.

Agora, iremos comentar sobre o terceiro, e provavelmente o mais conhecido de todos, até das crianças, o Gigante Golias, que, no hebraico significa: EXÍLIO.

Exílio = expatriação voluntária.

A palavra exilado significa: Expulso da pátria.

A história deste gigante começa em **I Samuel 17:1-4** "*E os filisteus ajuntaram os seus arraiais para a guerra e congregaram-se em Socó, que está em Judá, e acamparam-se entre Socó e Azeca, no termo de Damim. Porém Saul e os homens de Israel se ajuntaram e acamparam no Vale do Carvalho, e ordenaram a batalha contra os filisteus.*

E os filisteus estavam num monte da banda dalém,

e os israelitas estavam no outro monte da banda daquém; e o vale estava entre eles. Então saiu do arraial dos filisteus um homem guerreiro, cujo nome era Golias de Gate, que tinha de altura seis côvados e um palmo".

Era uma batalha de comum acordo.

Os filisteus, eram unidos, ajuntaram (no plural) todos os valentes de guerra, porque sabiam que a nação de Israel era um adversário difícil de vencer.

Caro irmão leitor, quando o inimigo ou adversário descobrir que você representa ameaça para ele, prepare-se, porque não virá sozinho, trará também consigo, todos os valentes de guerra, ou seja, seus demônios.

O lugar onde os filisteus se ajuntaram, tinha por nome: Socó, que em hebraico significa espinho (numa cidade de herança de Judá).

O adversário vai querer batalhar contra você no meio dos espinhos. Ou podemos denominar de: "lugar de provas", mas, o que ele não sabe, nem se deu conta ainda, é que, no lugar de prova é onde Deus nos faz crescer. Vejamos o que a Bíblia diz a respeito das provas: **Tiago 1:2-3** *"Meus irmãos, tende grande gozo quando cairdes em várias* *tentações; sabendo que a prova da vossa fé obra a paciência"*.

Salmos 11:5 *"O Senhor prova o justo; mas a sua alma aborrece o ímpio e o que ama a violência"*.

II Coríntios 8:2 *"Como em muita prova de tribulação houve abundância do seu gozo, e como a sua profunda pobreza abundou em riquezas da sua generosidade"*.

Porém, Saul e seus homens (Israel) se ajuntaram e acamparam no Vale do Carvalho.

O exército de Israel era também unido, até certo ponto se ajuntaram (um reino dividido não prevalece), acamparam (esperando o momento certo) e ordenaram (se puseram em ordem contra os filisteus).

Os dois exércitos estavam posicionados em lugares estratégicos, cada tropa em um monte, e entre eles, o vale.

O inesperado: *"Então saiu do arraial dos filisteus um homem guerreiro"*.

- A arma secreta deles estava guardada.

- Era um guerreiro experiente. A bíblia diz o seu nome, Golias (exílio). Sua cidade natal era Gate

(Lagar de Cova).

Possuía uma estatura gigantesca, a bíblia fala de: Seis côvados e um palmo equivalente à 2,75 a 3,15m de altura.

O número seis é o número do homem, representa: a soberba, o orgulho, etc...;

Um inimigo equipado com toda a armadura de guerra:

- Capacete de bronze - (cabeça protegida)

- Uma couraça de escamas, pesando aproximadamente oitenta e quatro quilos - (peito protegido)

- Trazia grevas de bronze por cima dos seus pés - (pés protegidos)

- Tinha um escudo de bronze sobre os ombros - (o escudo para o cristão representa a fé)

- Empunhava uma lança de ferro, cujo peso era de aproximadamente: oito quilos e meio;

- E, ainda, tinha o escudeiro que ia diante dele.

Comentário: O bronze é um metal resistente ao fogo, por isso, o adversário sabendo disto, se preocupava com a sua segurança.

O nosso adversário, chamado Satanás, não é bobo, e bem sabe que é impossível transpor a barreira de proteção, com a qual Deus envolve os seus servos, então ele procura usar de engano, aliás o que lhe é próprio. A bíblia diz em **II Coríntios 1:14**

"E não é maravilha, porque o próprio Satanás se transfigurava em Anjo de Luz".

Voltando ao gigante Golias, segundo as pesquisas, foi ele, o responsável pela morte de Ofini e Finéias, filhos do Sacerdote Eli.

Ele era perspicaz e sabia que, se o povo de lutassem juntos, jamais perderiam a batalha; então, usando de artimanha lançou a proposta:

"Para que saireis a ordenar a batalha? Confundirei o exército de Israel".

Ele procurou enganar o povo, simulando humildade: "não sou eu filisteu (fazendo crer que estava diante do exército de Israel), e vós servos de Saul?"

- Então foi lançado o desafio:

"Escolhei dentre vós um homem que desça a mim..."

Naquele momento, não havia no meio do exército de Israel, um homem, com coragem para descer e confrontar o gigante. O rei Saul ouvindo-o tremeu na base. Existe um provérbio popular que diz: "Se a cabeça vai mal, todo o corpo padece".

Esta, pois, era a situação dos irmãos de Davi, também. Apesar de possuírem boa estatura e serem formosos de aparência, não tiveram coragem de descer para enfrentar o Golias.

O lugar em que Golias estava (no hebraico se chama Gave, é também, chamado de Eneq), é uma larga extensão entre as colinas do termo de Damim,

o campo de Sangue, onde os exércitos se defrontaram, ou confrontaram.

E, havia ali uma espécie de garganta mais profunda dentro do vale mais largo; (isto é, um GAVE dentro do Eneq), ou seja, era uma ravina.

Para pelejar contra o Golias, teriam que descer até o Gave do Eneq, ou seja, no profundo vale.

O que isto lhe faz lembrar?

Vamos falar de descer ao vale: **Jeremias 18.**

Este capítulo dezoito é maravilhoso, fala a respeito do oleiro e o vaso (não deixe de lê-lo em sua bíblia).

Joel 3:14 "*Multidões, multidões no vale da decisão, porque o dia do Senhor está perto, no vale da decisão*".

E, por fim, o tão conhecido e maravilhoso **Salmo 23**.

I Samuel 17:9 "*Se ele puder pelejar comigo, e me ferir, seremos vossos servos; porém, se eu o vencer, e o ferir então sereis nossos servos nos servireis*".

Os maiores impedimentos para os homens de Deus, que pelejam contra gigantes, são:

- Os filhos que ficaram em casa (se tiver coragem de me enfrentar, ver **9a)**;

- A esposa amada e o pensamento em tudo o que ficou para trás. (se não tiver algo que se oponha a ele).

Quantos servos de Deus têm lutado com gigantes, e, por não terem o preparo necessário para enfrentá-los, em vez de feri-os. saem feridos.

Voltando à narração bíblica: O nome do rei

dos filisteus não é mencionado, lemos apenas, que a responsabilidade da batalha estava sobre Golias.

Nem sempre Satanás se revela (aliás ele ainda, não pode se mostrar, porque a Igreja, a noiva de Cristo, ainda está na terra), por isso, envia seus demônios, disfarçados nos problemas, para afrontar os cristãos, mas, Deus, revela as artimanhas dele aos seus servos, aí, a tentativa de engano do inimigo, mais uma vez cai por terra.

I Samuel 17:9b *"Seremos (plural) vossos servos; porém, se eu vencer e o ferir, então sereis nossos servos, e nos servireis"*.

Mediante o desafio do gigante, o exército de Israel só tinha três alternativas:

1 - Não guerrear (levantar a bandeira da desistência)

2 - Encontrar entre eles, um homem para guerrear, colocando o exército e a nação em fogo, correndo o risco de perder a luta, e se tornarem escravos dos filisteus.

3 - Ou, não darem ouvidos às afrontas de Golias, e juntos, lutarem para vencer.

Estas pois, eram as alternativas, do ponto de vista

humano, mas não, na visão de Deus, que trabalhando em silêncio, já havia eleito o seu campeão.

Golias era decidido, e estava convicto que não iria aparecer alguém para desafiá-lo; mas estava enganado porque Deus, não tarda e nem falha, Ele vem na hora exata.

Verso. 10 - "*Disse mais o filisteu:- hoje desafio as companhias de Israel, dizendo: dai-me um homem (Deus estava enviando um menino...) para que ambos pelejemos*".

Deus ouviu a afronta de Golias e aceitou a proposta:

Verso. 11 - "*Ouvindo então Saul e todo o Israel estas palavras do filisteu, espantaram-se, e temeram muito*"...

As palavras do gigante deixaram, um rei covarde, em desespero e tremor; e um exército em pavor, espanto e muito temor.

O rei Saul não tinha o capacete, ou não estava com ele, por isso, deu ouvidos à voz do gigante.

Saul não tinha convicção do Deus a quem

servia, e, por ser medroso, colocou a todos numa situação de medo.

Como vencer um gigante como este?

- Um pequeno grande guerreiro estava a caminho.

- O nome desse guerreiro era Davi

- Sua profissão, era pastor de ovelhas.

- Seu pai se chamava Jessé

- Tinha uma família estruturada, cujo pai, era um homem experiente.

- Davi além de pastor, era obediente a seu pai.

Davi era o irmão menor, simbolizando pequeno. "Os últimos serão os primeiros..."

O mesmo aconteceu com José, filho de Jacó. **Gênesis 37: 1-10** (Que é uma das mais belas histórias da bíblia).

- Davi era um guerreiro que não sabia como se daria a sua batalha, mas, que estava preparado ou pronto para enfrentá-la.

- Um guerreiro que matava a fome **- I Samuel 17:18**-"*Porém estes dez queijos de leite leva ao chefe de mil, e visitarás a teus irmãos, a ver se lhes vai bem; e tomarás o seu penhor*".

- Um guerreiro que levantava de madrugada (**Verso. 20**: "*Davi então de madrugada se levantou pela manhã, e deixou as ovelhas a um guarda, e carregou-se, e partiu, como Jessé lhe ordenara; e chegou ao lugar dos carros quando já o arraial saía em ordem de batalha, e a gritos chamavam à peleja*"), e pastor, que se preocupava com as ovelhas.

- Um guerreiro interessado pela batalha.

Verso. 22: "*E Davi deixou a carga que trouxera na mão do guarda da bagagem, e correu à batalha; e chegando, perguntou a seus irmãos se estavam bem*".

- Um guerreiro certo na hora certa.

Verso. 23: "*E, estando ele ainda falando, com eles, eis que vinha subindo do exército dos filisteus o homem guerreiro, cujo nome era Golias, o filisteu de Gate, e falou conforme àquelas palavras, e Davi as ouviu*".

- Um guerreiro interessado na recompensa.

Verso. 25-26: "*E diziam os homens de Israel; viste aquele homem que subiu? pois subiu para afrontar Israel: há de ser pois que ao homem que o ferir, o* *rei o recompensará, ou, enriquecerá de grandes riquezas. e lhe dará a sua filha e fará franca a casa de seu pai em Israel.*

Então falou Davi aos homens que estavam com ele, dizendo: Que farão àquele homem que ferir a este filisteu, e tirar da afronta de sobre Israel? quem é, pois, este incircunciso filisteu, para afrontar os exércitos do Deus vivo?"

- Um guerreiro a quem não importava o tamanho nem o peso, mas queria saber quem era o incircunciso e louco, à ponto de afrontar o

- exército do Deus vivo.

- Um guerreiro que amava aos seus irmãos, mas, que estava disposto a desobedecer-lhes, se necessário fosse, para cumprir os planos que Deus já havia traçado para a sua vida.

Ele queria a todo custo, livrar, não só a nação de Israel, mas parte da sua família, do deboche do gigante.

Embora, tendo certeza de que a peleja era de Deus, Davi sabia que Ele o tinha preparado para aquela ocasião. **Verso. 29:** *"Então disse Davi: Que fiz eu agora? porventura não há razão para isso"*

Por isso, dispôs-se a guerrear contra o gigante.

No **verso. 32**, está escrito: "*E Davi disse a Saul: Não desfaleça o coração de ninguém por causa dele: teu servo irá, e pelejará contra este filisteu*".

O conselho de um pequeno grande guerreiro, à um guerreiro experiente na guerra, porém, covarde.

Um guerreiro servo; mas, pronto a defender o seu povo da catástrofe da escravidão, mais uma vez; e da vergonha.

- Saul, um rei que nunca entendeu a forma do trabalhar de Deus.

- O conselho que parecia bom. **Verso. 23** "*Porém Saul disse a Davi: Contra este filisteu não poderás ir para pelejar com ele, pois tu ainda és moço, e ele homem de guerra desde a sua mocidade*".

Ele estava julgando segundo a ótica e condições humanas.

SEGREDOS REVELADOS NA HORA CERTA

- Então disse Davi a Saul: Soube ficar calado até o momento certo.

 - "*Teu servo*" (sinal de humildade) "*apascentava as ovelhas de seu pai*" (um filho obediente e um pastor zeloso).

"*E vinha um leão e um urso*" (animais ferozes, e, que já haviam tomado às ovelhas).

"*Eu saí após ele e o feri*"(não aceitou a derrota de perder uma ovelha, foi à luta para recuperá-la da boca da fera).

 Às vezes, para tomá-la de volta (a nossa benção), temos que ferir o inimigo.

"*E livrei-a da Sua boca*" (responsabilidade pelas ovelhas - Resgate).

"*Levantando-se ele contra mim*" (Davi, além de defender as ovelhas, também defendia a si mesmo).

"*Lancei lhe mão da barba e o matei*"(O urso é símbolo de força, e barba é símbolo de respeito).

Davi não estava interessado na força e tão pouco no respeito, ele apenas queria a ovelha de volta, sã e salva.

- "*Assim feriu o teu servo o leão como o urso...*"

Davi não falou isso para causar uma boa impressão a Saul, só queria mostrar que, se um leão e um urso, o Senhor Deus o fez matá-los, quando mais à Golias...

<u>Observação</u>: Muitas vezes no anonimato das nossas vidas, matamos tantos ursos e leões, no dia a dia. Ninguém vê, mas o Senhor Deus tudo contempla, e sempre vem em nosso favor.

- "*Será este incircunciso filisteu como um deles*"...

Davi possuía motivos para proferir estas palavras, pois tinha plena certeza do que iria acontecer com o gigante.

O que lhe assegurava essa certeza?

- "*Porquanto afrontou os exércitos (plural) do Deus vivo...*"

A peleja não era apenas pessoal, somente, mas, também no reino espiritual - A Batalha era de Deus.

<u>Nota</u>: Deus nunca perdeu, não perde e jamais perderá a batalha.

Existe um provérbio que diz: "Só fala quem tem história"

Verso. 37 - *"Disse mais Davi: o Senhor me livrou da mão do leão e da do urso..."*

Quem está acostumado a ver Deus executar milagres extraordinários não teme quando vê o perigo; - *"Ele me livrará da mão deste filisteu..."* Davi não citou o gigante.

Mediante o poder de Deus, era um filisteu como outro qualquer, não havia diferença.

...*"Então disse Saul a Davi..."*, a palavra então é usada para separar um tempo do outro. (segundo o mini dicionário Aurélio).

Daremos alguns exemplos para uma melhor compreensão do assunto que estamos estudando.

I Samuel 17:29 *"Então disse Davi..."* Ele usou também a palavra então.

Jó 42:1 e 17 *"Então respondeu Jó ao Senhor..."* *"Depois de ouvir.... então respondeu Jó..."*

- *"Então morreu Jó, depois de Deus cumprir as promessas na sua vida..."* **verso. 17**.

Depois de ouvir de Davi, que ele tinha matado um leão e um urso, Saul não teve dúvida da coragem e do potencial dele e falou: *"Vai-te embora, e o Senhor seja contigo"*.

Prezado e querido irmão leitor, quando for necessário você provar ao rei a sua coragem, fale com ele a respeito dos leões e dos ursos da vida que já conseguiu matar.

Isaías 44:21 *"Lembra-te destas cousas ó Jacó, e ó Israel, porquanto és meu servo; eu ti formei, meu servo és, ó Israel, não me esquecerei de ti".*

VENCENDO GIGANTES

PARTE V

LUTANDO COM AS NOSSAS ARMAS

II Coríntios 10:4 *"Porque as armas da nossa milícia não são carnais, mas sim poderosas em Deus, para destruição das fortalezas"*;

Depois de Saul dar uma palavra de ânimo a Davi, isto é, tentando livrar a própria cara, ofereceu:

- Um aparato de guerra (aparente)

- Saul vestiu a Davi com seus vestidos

- Pôs lhe sobre a cabeça com um capacete de bronze

- E, o vestiu com uma couraça...

Porque Saul queria que Davi usasse seus vestidos?

Opinião do escritor: Talvez Saul fosse um daqueles que gostasse de ganhar fama com o troféu dos outros.

Se Davi conseguisse vencer a peleja aos olhos do povo, a vitória dele se daria pelo fato de ter usado a armadura de Saul.

- Ou, talvez porque Saul fosse humilde à ponto de tirar tudo que tinha e dar para Davi.

Vejamos qual das duas hipóteses estaria correta; através da bíblia.

I Samuel 18:8 *"Então Saul se indignou muito, e aquela palavra pareceu mal aos seus olhos e disse: Dez milhares deram a Davi, e a mim somente milhares, na verdade, que lhe falta, senão só o reino?"*

Façam suas análises, queridos irmãos que estão lendo, ou os que lerão este livro.

Se você estiver passando por este tipo de problema, ou sentir que alguém está lhe usando como escada para subir, cuidado com as ofertas de Saul. Ele vai querer lhe vestir para depois ganhar a fama.

O Capacete é usado para proteção da cabeça. Mas nesse caso, a ideia de Davi usá-lo, partiu de Saul, podemos deduzir, que, talvez fosse para esconder a face de Davi, para que ninguém o reconhecesse.

Você, amado leitor, talvez esteja pensando porque o pastor Amarildo Silva, chegou à esta conclusão:

Saul era inconstante e perverso, ninguém sabia quando ele estava maquinando o mal, além do mais, ele possuía tantos outros defeitos de caráter, que não era possível dar crédito às suas palavras.

Saul era:

- Desobediente: **I Samuel 13:13** *"Então disse Samuel a Saul: Obraste nesciamente, e não guardaste o mandamento que o Senhor teu Deus te ordenou; porque agora o Senhor teria confirmado o teu reino sobre Israel para sempre"*.

- Impaciente: **I Samuel 13:11** *"Então disse Samuel: Que fizeste? Disse Saul; porquanto via que o povo se espalhava de mim, e tu não vinhas nos dias aprazados, e os filisteus já se tinham ajuntado em Micéias"*.

- Precipitado: **I Samuel 13:9** *"Então disse Saul: Trazei-me aqui um holocausto, e ofertas pacíficas. E ofereceu o holocausto"*.

- Falso: **I Samuel 23:14-15** *"E Davi permaneceu no deserto, nos lugares fortes, e ficou em um monte no deserto de Zife; e Saul o buscava todos os dias, porém Deus não o entregou na sua mão. Vendo, pois Davi que Saul saíra à busca da sua vida, Davi esteve no deserto de Zife, num bosque"*.

- Ciumento: **I Samuel 18: 8-9** *"Então Saul se indignou muito, e aquela palavra pareceu mal aos seus olhos, e disse: Dez milhares deram a Davi, e a mim somente milhares: Na verdade, que lhe falta, senão só o reino? E, desde aquele dia em diante, Saul tinha Davi em suspeita"*.

- Traiçoeiro: e sempre dando lugar ao diabo. **I Samuel 18:10-12** *"E aconteceu ao outro dia que o mal espírito da parte de Deus se apoderou de Saul, e profetizava no meio da casa: e Davi tangia a harpa com a sua mão, como de dia em dia: Saul, porém, tinha na mão uma lança"*. *"E Saul atirou com a lança dizendo: Encravarei a Davi na parede. Porém Davi se desviou dele por duas vezes"*

- Rebelde: **I Samuel 15:22-23** - *"Porém Samuel disse: Tem porventura a o Senhor tanto prazer em holocaustos e sacrifícios, como em que se obedeça à palavra do Senhor? eis que o obedecer é melhor* *do que o sacrificar; e o atender melhor é do que a gordura de carneiros.*

Porque a rebelião é como o pecado de feitiçaria, e o porfiar é como iniquidade e idolatria? Porquanto tu rejeitaste a palavra do Senhor, ele também te rejeitou a ti, para que não sejas rei".

- Astuto: **I Samuel 18: 17-19** *"Pelo que Saul disse a Davi: Eis que Merabe, minha filha mais velha, te darei por mulher; sê-me ser somente filho valoroso, e guerreia as guerras do Senhor (porque Saul dizia consigo: não seja contra ele a minha mão, mas sim a dos filisteus).*

Mas Davi disse a Saul: Quem sou eu, e qual é a minha vida e a família de meu pai em Israel, para vir a ser genro do rei?

Sucedeu, porém, que a tempo que Merabe, filha de Saul, devia ser dada a Davi ela foi dada por mulher a Adriel, meolatita".

- E eu, pastor Amarildo que enumerei apenas estas características perversas de Saul, lhe pergunto, caro leitor: O que você pensaria a respeito de uma pessoa assim?

A COURAÇA

Esta, é mais uma peça que compõe a armadura, cuja função é proteger o peito, o coração.

Porém, em se tratando de Saul, vou compará-lo às armas da covardia, da incerteza e da falta de vigilância.

O que irei escrever aqui, é uma metáfora.

- Uma pessoa que arranca as suas roupas de guerra, tira o capacete e a couraça em pleno confronto com o adversário, e quer passar para outro, é no mínimo, estúpido e imprudente.

Mateus 25:1-13 "*Então o reino dos céus será semelhante a dez virgens que, tomando as suas lâmpadas, saíram ao encontro do esposo.*

E cinco delas eram prudentes, e cinco loucas.

As loucas, tomando as suas lâmpadas, não levaram azeite consigo.

Mas as prudentes levaram azeite em suas vasilhas, com as suas lâmpadas.

E, tardando o esposo, tosquenejaram todas, e adormeceram. Mas à meia-noite ouviu-se um clamor; aí vem o esposo, sai-lhe ao encontro.

Então todas aquelas virgens se levantaram,

e prepararam as suas lâmpadas.

E as loucas disseram às prudentes:

Dai-nos do vosso azeite, porque as vossas lâmpadas se apagam.

Mas as prudentes responderam, dizendo:

Não seja caso que nos falte a nós e a vós, ide antes aos que o vendem, e comprai-o para vós.

E, tendo elas ido comprá-lo, chegou o esposo, e as que estavam preparadas entraram com ele para as bodas, e fechou-se a porta.

E depois chegaram também as outras virgens, dizendo: Senhor, Senhor, abre-nos.

E ele, respondendo, disse: Em verdade vos digo que vos não conheço.

Vigiai, pois, porque não sabes o dia nem a hora em que o Filho do Homem há de vir".

Irmão, leia atentamente o **versículo nove**: *"Mas as prudentes disseram: Não seja caso que nos falte a nós e vós ide antes aos que o vendem, e comprai-o para vós".*

Não dê suas armas a ninguém.

E Davi, cingiu a espada sobre os seus vestidos

e começou a andar.

 I Samuel 17:39 *"E Davi cingiu à espada sobre os seus vestidos, e começou a andar; porém nunca o havia experimentado; então disse Davi a Saul: Não posso andar com isto, pois nunca o experimentei. E Davi tirou aquilo de sobre si".*

Querido leitor, você já parou pra pensar na cena; Davi andando com aquele armamento perto de Saul, penso que ele falava para Davi: *"Ficou ótimo em você, caiu como uma luva, está perfeito..."*

Creio que ele gostaria de se ver na figura de Davi, embora houvesse uma estúpida diferença entre eles, porque um era de grande estatura e o outro, baixinho.

Existem momentos nas nossas vidas que, queremos tanto agradar os outros, que começamos até carregar àquilo que não é verdadeiramente nosso.

Na realidade, a intenção de Saul, era colocar Davi em "dificuldade", pois seria impossível para ele lutar, primeiro, por não ter prática com armaduras, depois pela diferença de tamanho da vestimenta que ele nunca havia experimentado.

Existe um ditado popular que diz: "*Quem cala, consente...*"

Davi tinha aceitado a oferta do Rei, por ser obediente e por se tratar do rei, autoridade máxima sobre ele e os demais.

Não é porque somos obedientes que devemos consentir com coisas ruins e erradas.

O inimigo procura sempre jogar as responsabilidades dos outros em cima de nós, é assim que ele age, e, se nós assumirmos àquilo que não nos pertence, aí vamos sofrer muito e, não adianta colocar a culpa em Deus.

Portanto, se você, meu irmão e amigo leitor acha que não está capacitado a usar as armas que as pessoas, e não, Deus querem-lhe dar, coloque um basta na situação, seja ela qual for; abra a boca com verdade; seja sincero; fale como Davi: "*Não posso andar com isto*"...

Apresente razões convincentes: "*Nunca o experimentei*"...; não estou me sentindo bem, me sinto oprimido; isto não está me trazendo benefício, etc.

Provérbios 27:5 "*Melhor é a verdade dita do que o*

amor encoberto".

A sinceridade leva a tomar a atitude certa, que faz bem e traz alívio.

....*"e Davi tirou aquilo de sobre si"*.

Talvez, Saul tivesse boa intenção para com ele, oferecendo-lhe seus aparatos de guerra para enfrentar o gigante Golias; mas, a verdade é que, Davi ao despir-se daquela armadura, sentiu o alívio daquele fardo extremamente pesado para ele.

Para Davi, as armas de Saul não significavam coisa alguma, senão peso: *"e Davi tirou aquilo de sobre si"*.

Cuidado, pastores amigos, que já fizeram tanto pela obra de Deus; não cometam o grave erro de querer que os membros da sua igreja, venham ser iguais a vocês. Suas experiências são lindas, mas, são suas, não deles.

I Coríntios 7: 6-7 *"Digo, porém, isto como que por permissão e não por mandamento.*

Porque quereria que todos os homens fossem como eu mesmo; mas cada um tem de Deus o seu próprio dom, um duma maneira e outro d'outra".

Você pode ser o espelho ou, o que aparece

no espelho, só não pode ser as duas côisas ao mesmo tempo.

Muitos pois tem cometido este erro, o de querer que seus filhos sejam iguais a eles.

Argumentos que usam: eu fui criado assim, e meus filhos tem que ser assim, também.

As suas armaduras não servem para os seus filhos, para àqueles que são pastores e querem que seus filhos venham a ser também, pastores. Cuidado, para que seu filho venha obedecê-lo "*por livre e espontânea pressão*", e não por sentir o Chamada de Deus, para servi-lo.

O escritor deste livro é pastor, e tem três filhos: Deivison, Natally e Carlos Eduardo. Se eles tiverem o chamado de Deus, e, quiserem atendê-lo, serão bem aceitos e, como pai, irei apoiá-los em tudo que precisarem; porém, se não for isso, e eles optarem por ser médico, professor, etc... irei apoiá-los da mesma maneira.

Um pastor de ovelhas com um cajado na mão, vale mais que um guerreiro com cajado?

I Samuel 17:40 "*E tomou o seu cajado na mão, e escolheu para si cinco seixos do ribeiro, e pô-los no* *alforje de pastor, que trazia, a saber, no surrão, e lançou mão da sua funda, e foi-se chegando ao filisteu"*.

No capítulo anterior descobrimos que, com as armas de Saul, Davi nem sequer conseguia andar direito, e, por não se sentir à vontade, ele tomou a atitude de usar aquilo que era seu, aquilo que ele sabia, por experiência, manusear.

E era exatamente, o que Deus queria que acontecesse para usá-lo melhor e à maneira DELE.

Há muitos pontos a destacar aqui; em cima desta frase; portanto, quero aqui, colocar o meu parecer.

Davi não perdeu a identidade - pastor é pastor - cajado, e, somente Deus pode mudar isto, no entanto, Saul perdia a identidade com muita facilidade.

Vamos analisar: de rei, ele queria se tornar sacerdote. **I Samuel 13:9** *"Então disse Saul: Trazei-me aqui um holocausto, e ofertas pacíficas. E ofereceu o holocausto"*.

Deus pode usar o homem em outras áreas, mas, só Ele o faz, não adianta o homem querer ocupar um lugar para o qual Deus não escolheu, pois Deus não está limitado à cargos humanos. Só Ele tem essa autoridade para levantar alguém à posição escolhida e designada, no momento certo. Se alguém procurar passar à frente DELE, obviamente não dá certo, não vai à lugar nenhum, isso, quando não é atingido por vários problemas e, até graves.

Deus não sai atropelando ninguém, Ele é organizado. Dependendo da necessidade, lugar ou momento, Ele usa ou, levanta um pastor para matar um gigante. Mas se acontecer fora da orientação de Deus, pode até trazer morte.

VEJAMOS ALGUNS EXEMPLOS BÍBLICOS:

Números 12:1-16 *"E falaram Miriã e Aarão contra Moisés, por causa da mulher cusita que tomara: porquanto tinha tomado a mulher cusita.*

E disseram: Porventura falou o Senhor somente por Moisés? não falou também por nós? E o Senhor o ouviu.

E era o varão Moisés mui manso, mais de que

todos os homens que havia sobre a terra.

E logo o Senhor disse a Moisés, e a Arão, e a Miriã: Vós três saí à tenda da congregação. E saíram eles três.

Então o Senhor desceu na coluna da nuvem, e se, pois, à porta da tenda: depois chamou a Arão e Miriã, e eles saíram ambos.

E disse: Ouvi agora as minhas palavras; se entre vós houver profeta, eu, o Senhor, em visão a ele me farei conhecer, ou em sonhos falarei com ele.

Não é assim com o meu servo Moisés que é fiel em toda a minha casa.

Boca a boca falo com ele, e de vista, e não por figuras; pois, ele vê a semelhança do Senhor: por que pois não tivestes temor de falar contra o meu servo, contra Moisés?

Assim a ira do Senhor contra eles se acendeu; e foi-se.

E a nuvem se desviou de sobre a tenda; e eis que Miriã era leprosa como a neve: e olhou Arão para Miriã, e eis que era leprosa.

Pelo que Arão disse a Moisés: Ah! senhor meu, ora não ponhas sobre nós este pecado, que fizemos loucamente, e com que havemos pecado.

Ora não seja ela como um morto, que saindo do ventre de sua mãe, tenha metade da sua carne já consumida.

Clamou, pois, Moisés ao Senhor, dizendo: Ó Deus, rogo-te que a cures.

E disse o Senhor a Moisés: Se seu pai cuspira em seu rosto, não seria envergonhada sete dias? esteja fechada sete dias fora do arraial, e depois a recolham.

Assim Miriã esteve fechada fora do arraial sete dias, e o povo não partiu, até que recolheram a Miriã.

Porém depois o povo partiu de Hazerote; e assentaram o arraial no deserto de Parã".

Fogo estranho - **Levítico 10:1-11**

"E os filhos de Arão, Nadabe e Abiu, tomaram cada um seu incensário, e puseram neles fogo, e puseram incenso sobre ele, e trouxeram fogo estranho perante a face do Senhor, o que lhes não ordenara.

Então saiu fogo de diante do Senhor, e os consumiu, e morreram perante o Senhor.

E disse Moisés a Arão: Isto é o que o Senhor falou, dizendo: Serei santificado naqueles que se cheguem a mim, e serei glorificado diante de todo o povo. Porém Arão calou-se.

E Moisés chamou a Misael e a Elzafã, filhos de Uziel, tio de Arão, e disse-lhes: Chegai, tirai a vossos irmãos de diante do santuário, para fora do arraial.

Então chegaram, e levaram-nos suas túnicas para fora do arraial, como Moisés tinha dito.

E Moisés disse a Arão, e a seus filhos Eleazar e Itamar: Não descobrireis as vossas cabeças, nem rasgareis vossos vestidos, para que não morrais, nem venha grande indignação sobre toda a congregação: mas vossos irmãos, toda a casa de Israel, lamentem este incêndio que o Senhor acendeu.

Nem saireis da porta da tenda da congregação, para que não morrais; porque está sobre vós o azeite da unção do Senhor. E fizeram conforma à palavra de Moisés e falou o Senhor a Arão, dizendo:

Vinho nem bebida forte tu e teus filhos contigo não bebereis, quando entrardes na tenda da congregação, par que não morrais: estatuto perpétuo será isso entre as vossas gerações;

E para fazer diferença entre o santo e o profano e entre o imundo e o limpo,

E para ensinar aos filhos de Isael todos os estatutos que o Senhor lhes tem falado pela mão de Moisés".

Números 16:1-50 - Aqui, está narrado a rebelião de Coré, Datã e Abirão - Destacaremos os **versículos: 31,32 e 33,** que os chamamos de versículos chave - *"E aconteceu que, acabando ele de falar todas estas palavras, a terra estava debaixo deles se fendeu.*

E a terra abriu a sua boca, e os tragou com as suas casas, como também a todos os homens que pertenciam a Coré, e a toda a sua fazenda.

E eles e tudo o que era seu desceram vivos ao sepulcro, e a terra os cobriu, e pereceram do meio da congregação".

E ainda temos tanto outros exemplos na Bíblia Sagrada, mas somente estes, já são suficientes para termos um breve entendimento, quanto a querer mudar a identidade.

Davi tomou o seu cajado;

Porque conhecia:

- O peso do seu cajado

- O lado rústico e a curva do cajado.

<u>Um breve comentário do escritor</u>: Quantos ministros do evangelho estão sofrendo, por estarem usando cajado de outros e não o seu, ou seja, andam copiando os outros.

Certo dia, o autor deste livro, estava conversando com uma irmã que congrega na mesma igreja que ele; e essa irmã lhe disse: "*Pastor, você tem que agir igual o pastor fulano. Ele é rígido na direção da igreja dele, e as ovelhas, ou seja, a igreja lhe obedece*".

Respondi para a irmã, eu não posso usar o cajado dos outros. Nem todos os cajados tem o mesmo peso; todos, não possuem as mesmas curvas ou os mesmos gomos.

Outra Observação: Davi não pegou o cajado para matar o gigante, e nem o usou para tal fim, porque o cajado não é feito para matar, mas para livrar, tirar a ovelha quando cai no buraco.

- E, quando falamos de buraco, estamos nos referindo à beco sem saída; queda, lugar de dificuldade.

Davi pegou o cajado na mão, para arrancar:

- Simbolicamente, uma nação que estava num beco sem saída, e, que também estava em um buraco chamado: Vergonha? e Davi pegou o cajado para mostrar que a nação de Israel tinha um pastor que Deus escolheu, e eles não iriam passar aquela vergonha.

Cajado representa autoridade.

- O cajado de Davi estava na sua mão.

- Cajado na mão, fala de ordem e sinal, para levantar. **Êxodo 14:15** "*Então disse o Senhor a Moisés: Por que chamas a mim? Dize aos filhos de Israel que marchem*".

- O cajado na mão ficava mais fácil de levantar.

 I Samuel 17:40 "*E tomou o seu cajado na mão, e escolheu para si cinco seixos do ribeiro, e pô-los no alforje de pastor, que trazia, a saber, no surrão. e lançou mão da sua funda; e foi-se chegando ao filisteu*".

ESCOLHER PARA SI CINCO SEIXOS DO RIBEIRO

- Escolher: não seria qualquer pedra que serviria para o plano que ele tinha em mente, ou, para o que tinha planejado.

Porque exatamente cinco?

O número cinco é o número da responsabilidade humana e aparece na bíblia, duzentos e vinte e nove vezes; é claro, que Deus daria vitória a Davi, porém a parte do homem tem que ser feita, e Davi procurou fazê-la.

Porque pedras lisas?

Vejamos, na Bíblia Sagrada Internacional, e do ponto de vista do autor:

Para derrotar o gigante ele gastou ou usou, apenas uma pedra, mas pegou cinco pedras lisas.

As pedras podiam simbolizar cinco homens: Davi, Abisai, Sibercai, Elanã e Jônatas.

- Escolheu para si cinco: O número cinco simboliza: O Fraco: o lado humano, e o forte: Emanuel que é Deus Conosco; capacidade, responsabilidade, etc.

- Seixos do ribeiro: ou seja, pedras lisas. Estas cinco pedras lisas, podem representar cinco homens comuns nas mãos de um perito para arremessá-las com precisão Deus.

<u>Nota:</u> lisas quer dizer, sem defeito aparentes, porém, pedras e não rocha; Compare:

Mateus 16:18 *"Pois também eu te digo que tu és Pedro, e sobre esta pedra edificarei a minha igreja, e as portas do inferno não prevalecerão contra ela"*.

Pedro, na verdade era uma pedra, que sobre a Rocha, que é Jesus seria edificada.

A verdade da confissão de Pedro: *"Tu és o Cristo filho de Deus"*.

Revelação: Em ordem, a colocação das pedras e que representa cada uma delas.

- A primeira pedra lisa representava Davi: o fraco, que nas mãos de Deus se torna forte.

- A segunda pedra lisa, representava: Abisai.

II Samuel 21:17 *"Porém, Abisai, filho de Zeruia, o socorreu, e feriu o filisteu, e o matou: então os homens de Davi lhe juraram, dizendo: Nunca mais sairás conosco à peleja para que não apagues a lâmpada de Israel"*.

- A terceira pedra lisa representa: Sibecai:

II Samuel 21:18 *"E aconteceu depois disto que*

houve em Gobe ainda outra peleja contra os filisteus: então Sibecai, o jusatita, feriu a Safe, que era dos filhos do gigante".

- A quarta pedra lisa representa: Elanã

II Samuel 21:19 *"Houve mais outra peleja contra os filisteus em Gove: e Elanã, filho de Jaaré- Oregim, o belemita feriu Golias, o geteu, de cuja lança era a haste como orgão de tecelão"*.

- A quinta pedra lisa representava: Jônatas

II Samuel 21:21 *"E injuriava a Israel: porém Jônatas, filho de Siméia, irmão de Davi, o feriu"*.

Comentário do autor: Nós podemos ser pedras lisas, e não oferecermos nenhum risco a ninguém, mas nas mãos de um perito como o nosso Deus, podemos nos tornar uma arma terrível e mortal. Então, iremos sendo usados, uma de cada vez, de acordo com a necessidade ou, tempo.

...*"Do Ribeiro"*: na beira de um ribeiro poderão existir milhares de pedras lisas, porém, serão escolhidas àquelas que Deus achar melhores para determinadas ocasiões.

...*"e pô-los no seu alforge de pastor"*:
Alforge: uma sacola feita geralmente de couro, que

servia para guardar dinheiro e mantimento, durante a jornada. **Mateus 10:9-10** *"Não possuais ouro, nem prata, nem cobre, em vossos cintos; nem alforje para o caminho, nem duas túnicas, nem alparcas, nem bordão; porque digno é o operário do seu alimento"*.

Há vários pontos que devo destacar aqui:

No alforje de pastor: e não de tesoureiro, ou mercador.

Nesta ocasião na luta contra o gigante, o suborno, com dinheiro ou mercadoria não iria fazer com que Golias mudasse de opinião. O que Davi mais precisava, naquele momento, era de pedras lisas.

- Existem momentos em nossas vidas em que; nem o dinheiro, nem a despensa da nossa casa estando cheia, podem resolver problemas, cujas causas tem outras origens, ou seja, à prova vem em outras áreas da nossa vida, cujo gigante, talvez seja bem maior, do nosso ponto de vista.

O mais correto é usarmos as pedras lisas, que podem ser: aquele parente que você não fala com ele (que também, pode ser motivo que fez com que o gigante tenha se levantado); o filho que você despreza; ou, até mesmo àquela pessoa à que você não dá o mínimo valor.

Davi, outra vez não mudou de identidade.

Alforje de pastor: quantas pessoas, que mudam de personalidade (comportamento); de lado (conforme o interesse).

Quando o assunto é vencer, há um provérbio que diz: "*Não importa como vou conseguir, só sei que vou, por bem ou por mal*".

E, ainda: "*Se não pode com eles, aliem-se (juntem-se) a eles*".

Outra frase que o mundo usa: "*O mundo é dos mais espertos*".

- Do ponto de vista do autor: Porém o céu é dos fiéis à Jesus Cristo, pois a bíblia diz em **Romanos 12:2** "*E não vos conformeis com este mundo, mas transformai-vos pela renovação do vosso entendimento, par que experimenteis qual se a boa, agradável, e perfeita vontade de Deus*".

- E, **I Pedro 2:20** "*Porque, que glória será essa, se, pecando, sois esbofeteado, e sofreis, mas se, fazendo o bem, sois afligidos e o sofrei, isso é agradável a Deus*".

Você, irmão leitor, aceite um conselho: Não mude de identidade, seja você mesmo, da forma que Deus lhe criou. Ele irá usá-lo assim mesmo do jeito que é.

Procure ser a parte do corpo que Deus quer que seja.

VENCENDO GIGANTES

PARTE VI

E LANÇOU MÃO DA SUA FUNDA

A funda era um instrumento ou arma, feito de um pedaço de couro com duas cordas, usada para lançar pedras ou bolas.

Os que atiravam com fundas pertenciam, tanto à infantaria como os arqueiros. **II Reis 3:25** *"E arrasaram as cidades, e cada um lançou a sua pedra em todos os bons campos, e os entulharam, e taparam todas as fontes de águas, e cortaram todas as boas árvores, até que só em Quir - Haresete deixaram ficar as pedras, mas os fundeiros a cercaram e a feriram".*

Usavam, tanto na mão esquerda com na mão direita. **I Crônicas 12:2** *"Armados de arco, e usavam da mão direita e esquerda em atirar pedras e em despedir flechas com o arco; eram estes dos irmãos de Saul, benjamitas".*

Havia setecentos homens da tribo de

Benjamim, que atiravam em um fio de cabelo e não erravam. **Juízes 20:16** "*Entre todo este povo havia setecentos homens com a funda uma pedra a um cabelo, e não erravam*".

Podemos aprender muitas coisas a respeito desta arma tão simples e tão violenta. Uma arma escondida para ser usada na hora certa.

Uma arma simples, porém, eficaz.

<u>Nota:</u> Davi apesar de ser um pastor, se preocupava em treinar com a funda. Não seria necessário escrever. Davi confiava em Deus em primeiro lugar e confiava na sua pontaria.

O cristão não precisa ser pastor ou apóstolo para estudar a bíblia, pois, nem todos que conhecem a Palavra, possuem algum título.

Querido irmão, você poderá não ser o pregador do domingo na sua igreja, mas isso não lhe impede de ter uma funda guardada, ou seja, estudar a bíblia, para usá-la quando for necessário.

Na vida secular você pode até não exercer a advocacia (no caso de ter cursado a faculdade), porém isso não tira a sua graduação, você é um advogado.

Quão bom seria que tivéssemos sempre, alguma coisa a mais, ou, algo a acrescentar na vida profissional. Podemos chamar isto, de uma janela de sobra.

Exemplos: A funda era usada pela infantaria, mas Davi sabia manuseá-la. Aquela funda não pertencia a outra pessoa, era de Davi, talvez, ele a usasse para afugentar as feras que viessem rodear as ovelhas de seu pai.

Pode ser que na época em que se deu a batalha de Davi com o filisteu, a funda já estivesse fora de uso, porque já tinham surgido as armaduras, lanças, escuto, etc... Aparato militar, porém, Davi não havia esquecido sua funda em casa e tão pouco esqueceu de trazê-la para a batalha.

Veja, sua arma de guerra não pode ser esquecida em casa...

- <u>Conselhos práticos:</u> Jamais deixe cair em desuso aquilo que Deus lhe deu.

- Talentos: **Mateus 25: 14-30** *"Porque isto é também como um homem que, partindo para fora da terra, chamou os seus servos, e entregou-lhes os seus bens.*

E a um de cinco talentos, e a outro dois, e a outro um, a cada um segundo a sua capacidade, e ausentou-se logo para longe.

E, tendo ele partido, o que recebera cinco talentos negociou com esse, e granjeou outros cinco talentos.

Da mesma sorte, o que recebera dois, granjeou também outros dois.

Mas o que recebera um, foi e cavou na terra e escondeu o dinheiro do seu senhor.

E muito tempo depois veio o senhor daqueles servos, e fez contas com eles.

Então aproximou-se o que recebera cinco talentos, e trouxe-lhes outros cinco talentos, dizendo: Senhor, entregaste-me cinco talentos; eis aqui outros cinco talentos que granjeei com eles.

E o seu senhor lhe disse: Bem esta, servo bom e fiel. Sobre o pouco foste fiel, sobre o muito te colocarei; entra no gozo do teu senhor;

E, chegando também o que tinha recebido dois talentos, disse: Senhor. entregaste-me dois talentos; eis que com eles granjeei outros dois talentos.

Disse-lhe o seu senhor: Bem está, bom e fiel servo;

 Sobre o pouco foste fiel, sobre muito te colocarei; entra no gozo do teu senhor.

 Mas, chegando também o que recebera um talento disse: Senhor, eu conhecia-te, que és um homem duro, que ceifas onde não semeaste e ajuntas onde não espalhaste;

 E, atemorizado, escondi na terra o teu talento; aqui tens o que é teu.

 Respondendo, porém, o seu senhor, disse-lhe: Meu e negligente servo; sabes que ceifo onde não semeei e ajunto onde não espalhei;

 Devias então ter dado o meu dinheiro aos banqueiros, e, quando eu viesse, receberia o meu com os juros.

 Tirai-lhes pois o talento, e dai-o ao que tem os dez talentos.

 Porque a qualquer que tiver será dado, e terá abundância; mas ao que não tiver até o que tem ser-lhe-á tirado.

 Lançai pois o servo inútil das trevas exteriores; ali haverá pranto e ranger de dentes".

- Dons: Conselhos do apóstolo Paulo à Timóteo.

I Timóteo 4:14-16 *"Não desprezes o dom que há em ti, o qual te foi dado por profecia, com a imposição das mãos do presbitério.*

Medita estas coisas; ocupa-te nelas, para que o teu aproveitamento seja manifesto a todos.

Tem cuidado de ti mesmo e da doutrina; persevera nela nestas coisas; porque, fazendo isto, te salvarás, tanto a ti mesmo como aos que te ouvem".

II Timóteo 1:6 *"Por cujo motivo te lembro que despertes o dom de Deus que existe em ti pela imposição das minhas mãos"*

Quantos irmãos e irmãs que outrora eram vasos usados nas mãos de Deus, mas que por algum motivo, hoje não permitem que Ele use.

Talvez você encontre o seu, ou, os seus motivos dentre os que vou apontar:

- Encontrou um irmão que lhe assegurou que, milagres foram feitos no passado, na época dos apóstolos, e que os dons de Deus cessaram. **Marcos 16:15, 16 e 17** *"E disse-lhes: Ide por todo o mundo, pregai o evangelho a toda criatura.*

Que, crer e for batizado será salvo; mas quem não crer será condenado."...

- Talvez você tenha encontrado alguém que lhe chamou de ultrapassado, exemplos: os corinhos, os hinos da harpa cristã e tantas outras coisas.

Preste atenção: Deus abriu o mar vermelho há milhares de anos atrás, porém o tempo não impede os pregadores de relatar e lembrar acerca deste extraordinário milagre: também não impede o cristão de orar e dizer: Senhor, abra o mar para que eu passe a pé enxuto.

Creio eu na qualidade de pastor, que cada crente tem uma funda guardada no seu alforje e na hora certa poderá lançar mão dela.

- A irmã que está passando necessidade em casa e sabe costurar, use a funda da costura;

- O irmão que está desempregado, é um mecânico, mas a porta desse serviço estar temporariamente fechada, use a funda de servente de pedreiro;

- Experiência do Pastor Amarildo Silva: eu sei colher algodão, colher café, capinar ou, carpir; trabalho como marceneiro, pedreiro, encanador; mas, sou pastor, tenho CD gravado com o meu irmão Jacildo, com o qual formamos uma dupla. Sou pregador do evangelho de Cristo, e, de um ano pra cá, estou usando a funda de: escritor de apostilas, porém o gigante está e tem sido vencido.

Quem é covarde foge, mas o valente enfrenta.

JUÍZES 7:3. *"Agora pois apregoa aos ouvidos do povo dizendo: Quem for covarde e medroso volte, e vá-se apressadamente das montanhas de gileade. Então voltaram do povo vinte e dois mil, e dez mil ficaram."*

As vezes ficamos a perguntar o que passava na cabeça do mancebo Davi, naquele momento, vamos conjecturar juntamente:

Deduzo que: (pensamentos do escritor).

- Quem sabe Davi ouvia os gritos de Josué, com o povo israelita. **Números 14:4-9**. *"E diziam uns aos outros: Levantemos um capitão, e voltemos ao Egito. Então Moisés e Aarão caíram sobre os seus rostos perante todo o ajuntamento dos filhos de Israel.*

E Josué filho de Num, e Calebe filho de Jefoné, dos quais espiaram a terra, rasgaram os seus vestidos.

E falaram a toda congregação dos filhos de Israel,

dizendo: A terra pelo meio da qual nós passamos a espiar é terra muito boa.

Se o Senhor se agradar de nós, então nos porá nesta terra. e no-la dará: terra que mana leite e mel.

Tão-somente não sejais rebeldes contra o senhor, e não temais o povo desta terra, porquanto são eles nosso pão: retirou-se deles o seu amparo. e o senhor é conosco; não os temais."

Ou talvez ele ouvia o brado de Moisés dizendo: *"O Senhor mandou vocês marcharem"*. **Êxodo 14 -** todo **capitulo (1-3)** *" Então falou o senhor a Moisés dizendo: - Fala aos filhos de Israel que voltem e que acampem de Pi- Hairote, entre Migdol e o mar diante de Baal-Zefom; em frente dele assentareis ao campo junto ao mar..."*

(30-31) *... " Assim o senhor salvou Israel naquele dia da mão dos egípcios; e Israel viu os egípcios mortos na praia do mar.*

- E viu Israel a grande mão que o Senhor mostrara aos egípcios; e temeu o povo ao Senhor, e creram no senhor e em Moisés seu servo".

- Quando nos deparamos com esse gigante que

quer a nossa destruição, qual é a voz que damos ouvido?

Posso até citar algumas vezes:

-**Juízes 6:14** "*Então o Senhor olhou para ele, e disse: Vai nesta tua força e livrarás a Israel da mão dos midianitas; porventura não te enviei eu?*"

-**Daniel 10:19** "*E disse: Não temas, homem mui desejado, paz seja contigo; anima-te, sim, anima-te. E, falando ele comigo, esforcei-me e disse: Fala, meu Senhor porque me confortaste.*"

-**João 16:33** "*Tenho-vos dito isto, para que em mim tenhais paz; no mundo tereis aflições, mas tende bom ânimo, eu venci o mundo*".

-**Isaías 43:2-3** "*Quando passares pelas águas estarei contigo, e quando pelos rios, eles não te submergirão; quando passares pelo fogo não te queimarás, nem a chama arderá em ti. Porque eu sou o Senhor teu Deus, o Santo de Israel, o teu Salvador; dei o Egito por teu resgate, a Etiópia e Seba por ti.*"

-**Isaías 41:10-14** "*Não temas, porque eu sou contigo; não te assombres, porque eu sou teu Deus: eu te esforço, e te ajudo, e te sustento com a destra* *da minha justiça. Eis que envergonhados e confundidos serão todos os que se irritaram contra ti; tornar-se-ão nada, e os que contenderem contigo perecerão. Busca-los-ás, mas não os acharás; e os que pelejarem contigo tornar-se-ão nada, e como cousa que não é nada os que guerrearem contigo. Porque eu, o Senhor teu Deus, te tomo pela tua mão direita, e te digo: Não temas, que eu te ajudo. Não temas ó bichinho de Jacó, povozinho de Israel; eu te ajudo, diz o Senhor, e o teu redentor é o Santo de Israel."*

- Não pense, que o adversário, só de olhar pra você vai ficar com medo, não é assim. Deus vai permitir que lhe bata de frente, como foi no caso de Jó, ou quando o Egito se levantou contra Moisés.

- Eles se mostraram corajosos.

- Ele não veio só, trouxe consigo o escudeiro.

- Ele sabia o lugar da arma de defesa, o escudo (se trata aqui de Golias).

Às vezes sabemos que o adversário é perigoso, e não nos preparamos para lutar com ele. O adversário que tenta intimidar.

Métodos que ele usa para intimidar o cristão: olho

no olho e, olhando o filisteu... ele viu a Davi - o inimigo está de olho em você.

- O desprezou - o gigante quis colocar em Davi um sentimento de inferioridade.

Porquanto era mancebo ruivo - um inimigo que só pode ver o exterior e não o interior, Deus não permite que lhe conheça o que vai dentro de nós.

- E de gentil aspecto: nem sempre para ser um homem de Deus é preciso viver de cara amarrada, feia; cara fechada não vence batalha.

Um adversário que subestima a capacidade do oponente:

No comentário anterior descobrimos que o gigante Golias olhou Davi com menosprezo, há um ditado que diz: "*olhar não arranca pedaço*".

Mas no verso quarenta e três, ele usa o poder da palavra, observe:

- Disse pois o filisteu a Davi - poder de persuasão.

-Sou eu algum cão para tu vires a mim com paus?

Ele estava chamando o cajado que Davi usava, de um simples pedaço de pau.

E quantas vezes somos obrigados a ouvir do

adversário que, o que temos, ou seja, (as armas) os dons que recebemos de Deus representam nada diante da sua força. Só que ele não tinha percebido que Davi não iria mata-lo com um simples pedaço de pau, mas com uma pedra lisa, e depois aconteceria o pior com Golias, seria degolado com a própria espada.

Note, se Deus quisesse que Davi derrotasse o gigante com um simples cajado, isso certamente aconteceria; aliás já havia acontecido, Deus usar instrumentos estranhos, ou maneiras desconhecidas.

Exemplos: as tochas. **Juízes 7:16** "*Então repartiu os trezentos homens em três esquadrões, e deu-lhes a cada um nas suas mãos BUZINAS e CÂNTAROS VAZIOS, com TOCHAS neles acesas*". etc...

- O filisteu então amaldiçoou a Davi, pelos seus deuses.

A bíblia diz que maldição não pega nos filhos de Deus: **Números 23:18-23** "*Então alçou a sua parábola, e disse: Levanta-te, Balaque e ouve: inclina os teus ouvidos a mim, filho de Zipor. Deus não é homem, para que minta; nem filho do homem, para que se arrependa: porventura diria* *ele, e não o faria? ou falaria, e não o confirmaria?...*

Verso 23 *"Pois contra Jacó não vale encantamento, nem adivinhação contra Israel: neste tempo se dirá de Jacó e de Israel: Que cousas, Deus tem obrado!"*

No capítulo cinco do primeiro livro de Samuel, lemos que, a arca de Deus foi colocada no templo de dagon e também, o transtorno lhes causou, pois o deus dagon foi envergonhado e derrotado pelo nosso Deus o Deus de Israel.

Como, Davi sabendo que o Deus de Israel, a quem servia é tão grande, porque temeria a maldição proferida pela boca suja de um incircunciso?

E Davi não aceitou aquela palavra de maldição.

Golias tenta intimidar a Davi

Disse mais o filisteu a Davi (a afronta já era pessoal): *"Vem a mim..."* a coragem de Davi foi colocada à prova.

"...E darei a tua carne às aves do céu e as bestas do campo. Em outras palavras, Golias estava dizendo para Davi, eu vou fazer de você picadinho."

As respostas têm que ser claras e objetiva:

-Resposta à altura.

-Resposta de quem tem fé.

-Resposta de quem crê que nasceu para vencer.

 Disse Davi ao filisteu: **verso 45** - Davi falou direto ao adversário. E quantas vezes nós não falamos à pessoa certa, por exemplo: Os pregadores quando tem algo a falar com alguém, não deveriam falar no púlpito, para todos, como muitos fazem, mas assisti-lo pessoalmente **Mateus 18:15-17** *"Ora, se teu irmão pecar contar ti, vai e prende-o entre ti e ele só; se te ouvir, ganhas-te a teu irmão; mas se não te ouvir, leva ainda contigo um ou dois, para que pela boca de duas ou três testemunhas toda a palavra seja confirmada."*

E, se não escutar, dize-o a igreja; e se também não escutar a igreja, considera-o como um gentio e publicano.

Alguns maridos tratam suas esposas como se fossem suas inimigas e não como ajudadoras; falam pra elas o que não precisam ouvir, machucam seus sentimentos. Elas não são adversárias do homem, mas suas companheiras, na alegria e na tristeza.

Um dos maiores erros cometidos, muitas vezes é: depois de um culto maravilhoso na presença do

Senhor, ao sair na porta do templo, um "irmão" (levado pelo inimigo) nos ofende com palavras ou atitudes, etc.

Para ele nada falamos, mas em casa descarregaremos toda raiva nos nossos filhos. Eles não têm culpa daquilo ter acontecido.

E tantos erros mais que cometemos, por não dirigirmos a palavra ao verdadeiro adversário que não é a nossa família.

Quem é este inimigo?

Efésios 6:10-18 *"No demais, irmãos meus, fortalecei-vos no Senhor e na força do seu poder. Revesti-vos de toda armadura de Deus, para que possais estar firmes contra as astutas ciladas do diabo."*

Porque não temos que lutar contra a carne e o sangue, e sim contra os principados, contra potestades, contra os príncipes das trevas deste século, contra as hostes espirituais da maldade nos lugares celestiais.

Por tanto tomai toda a armadura de Deus para que possais resistir no dia mau, e, havendo feito tudo, ficar firmes. Estai, pois, firmes, tendo cingidos os nossos lombos com a verdade, e vestida a couraça da justiça; E calçados os pés na preparação do evangelho da paz.

Tomando sobretudo o escudo da fé, com o qual podereis apagar todos os dardos inflamáveis do maligno.

Tomai também o capacete da salvação, e a espada do espírito; que é a palavra de deus; orando em todo tempo com toda a oração e súplica no espírito e vigiando nisto com toda perseverança, e súplica por todos santos"

 - Tu vens a mim com espada e com lança e com escudo (**verso 45a**);

Davi sabia que Golias estava armado: ele via as armas do gigante e cita três armas: que da ótica humana, quem deveria estar usando seria Davi, porém não foi assim que aconteceu.

- ESPADA= Ataque e defesa; luta de perto.

- LANÇA= Ataque; luta de longe.

- ESCUDO= Arma de defesa.

O gigante estava bem armado, mas Davi sabia em quem estava confiando, em outras palavras, ele estava dizendo: eu sei que você gigante está bem armado...

- Porém eu venho a ti em nome do senhor dos exércitos. (**verso 45b**).

 A palavra, porém, significa: Apesar disso; contudo, entretanto, todavia, no entanto.

- Coisa que impede uma ação - Golias estava muito bem armado, e preparado para a guerra.

-Pode servir também como obstáculo - Eu venho a ti em nome do senhor dos exércitos.

Davi deve ter falado ou pensado: Golias, você está completamente correto, sair a peleja vestindo todo aparato de guerra, só que tem um problema grande nisso tudo. Você que nunca perdeu uma batalha, hoje irá se deparar com um enorme obstáculo.

Pois quando eu decidi lutar contra você eu já tinha conhecimento da sua fama de poderoso guerreiro, porém o que me impulsionou a sair a peleja é que há um nome, o qual estou representando.

Davi tinha absoluta certeza de que Deus o queria ali, ele estava no lugar certo, no momento certo, e na hora certa de Deus.

O Senhor dos exércitos: Ninguém jamais viu, ouviu ou ouvirá falar de uma batalha perdida por Deus, porque não existe adversário pra Ele. Só Ele REINA, Absoluto.

Esta palavra chamou a atenção de Golias para Davi: Senhor dos exércitos no plural.

Deus é senhor (manda, comanda) de todos os exércitos; exércitos de anjos, arcanjos, querubins e serafins: exércitos dos planetas, cometas, asteroides, estrelas etc... exércitos de Israel, enfim, exércitos da igreja.

VENCENDO GIGANTE

PARTE VII

DEUS ESTÁ NO CONTROLE

- Davi sabia que Deus estava no controle.

- *"O Deus dos exércitos de Israel, a quem tens afrontado"* (**verso 45d**)

Ele deixou bem claro de qual Deus estava falando. A quem Golias havia afrontado.

Afrontar ao senhor Deus, nunca foi bom negócio, isso nós podemos descobrir, lendo a bíblia.

Vejamos alguns exemplos:

- Adão e Eva, foram tirados do jardim do Éden;

- O povo morreu no dilúvio... e tantos outros casos.

Deixo meu alerta, afrontar ao senhor, nunca foi bom negócio. Um aviso somente não faça tal.

- A sentença de Golias foi predita por Davi, dia da vitória de Davi, e da derrota de Golias.

Hoje mesmo; muitas coisas eu aprendo nesta

frase, que o nosso Deus é o único que soube fazer duas coisas ao mesmo tempo.

- Dar vitória ao humilde

- Abater o orgulhoso.

 As três formas de Deus falar conosco a respeito do tempo:

- A primeira é, sim.

- A segunda é, não.

- A terceira é, espera.

No caso de Davi, Deus disse: sim, já e hoje.

Quem sabe prezado leitor, Deus só está esperando uma decisão sua.

 Analise os fatos de sua vida, e veja se o senhor já não lhe deu o sim, hoje.

 Se, Ele falou que hoje é o dia de sua vitória, então, já é sua, declare e tome posse.

- O senhor te entregará na minha mão: Davi declara que o senhor daria a vitória a ele, naquele mesmo dia, ele sabia qual seria a vitória; pois ninguém fala ou assegura, aquilo que não sabe. E por saber disto, ele não recebeu a glória, mas deu-lhe á quem é devida: ao Único Senhor: o Senhor te entregará...

(**vers. 46c**) - Davi sabia exatamente o que iria fazer com o filisteu: ferir-te-ei; a ordem era, ferir, para depois matar.”

- Ele não seguiu o caminho do seu antecessor, o Saul: **I Samuel 15:1-31** "...*3- vai pois agora e fere a Amaleque; e destrói totalmente a tudo o que tiver e não lhe perdoes; porém matarás desde o homem até á mulher, desde os meninos até os de mama, desde os bois até ás ovelhas, desde os camelos até os jumentos...*" porém, Saul não obedeceu a ordem do Senhor, vejamos o **verso 15**: *“E disse Saul: De Amaleque as trouxeram; porque o povo perdoou ao melhor das ovelhas e das vacas, para as oferecer ao senhor teu Deus: o resto, porém temos destruído totalmente...verso 3: Então Samuel se tornou atrás de Saul: e Saul adorou ao Senhor*"

Antes, porém, seguiu a ordem do Senhor; primeiro ferir, e depois tirar a cabeça, cabeça é símbolo de autoridade.

Há um provérbio popular que diz: quem não tem cabeça o corpo padece.

É verdade; "... *e os corpos do arraial dos filisteus darei hoje mesmo as aves do céu e as bestas da terra...*"

Davi conhecia a estratégia, se ele conseguisse ferir e arrancar a cabeça, então, o corpo ficaria completamente desgovernado; nesse caso, a cabeça era Golias e o corpo, seria o exército dos filisteus.

Davi lança a mesma frase que Golias havia falado pra ele: **verso 44 de I Samuel**: *"Disse mais os filisteus a Davi: Vem a mim e darei a tua carne às aves dos céus e às bestas do campo"*.

Observe, porém a diferença: Davi fala no plural, ou seja, ele fala; os corpos, não seria só Golias que iria morrer, mas também a todos os que estavam com ele (o exército dos filisteus). Davi disse:" *Hoje mesmo as aves dos céus e às bestas do campo.*" Através desta declaração, descobrimos qual era a verdadeira intenção de Davi: "*E toda terra saberá que há Deus em Israel*". Ele pronunciou uma das frases mais corretas da história da humanidade; A nação de Israel é o centro das atenções do mundo. E, se nós, povo cristão sabemos a respeito da existência do Deus único. o todo poderoso, esse conhecimento veio através da nação de Israel.

Este comentário que acabei de escrever foi o primeiro motivo de Davi; vejamos então, qual seria o segundo:

Davi queria passar a experiência dele para os demais, vemos isto na citação do leão e do urso que ele havia matado. No verso **17a de I Samuel** "*E saberá toda esta congregação que o senhor salva*"; de que maneira?

- Não com espada, nem com lança

- Então como e por que?

- Com um simples garoto corajoso

- Com uma simples pedra lisa

- Com uma atitude de coragem:

...*"Porque DELE (Deus) é a guerra*"; A bíblia é bem clara quando se refere a nação de Israel e as promessas feitas a Abraão: **Gênesis 12:3-** "E abençoarei os que te abençoarem e amaldiçoarei os que te amaldiçoarem; e em ti serão benditas todas as famílias da terra".

Isaías 41:10-14: "*Não temas, porque eu sou contigo; não te assombres, porque eu sou teu Deus: eu te esforço e te ajudo, e te sustento com a destra da minha justiça...*

(**verso 14**) - *Não temas ó bichinho de Jacó,*

povozinho de Israel; eu te ajudo, diz o Senhor, e o teu redentor é o santo de Israel."

Deus é um Deus que promete e cumpre: Davi afirmou: *"E ele vos entregará na nossa mão"*.

O combate que não demorou dois ROUNDS **verso 48** de **I Samuel** -" *E sucedeu que, levantando-se o filisteu...*"

Essa atitude do gigante nos dá a impressão de que: começaria depressa para acabar mais depressa ainda. Ele não acreditava no potencial de Davi.

Eu deduzo que nas batalhas anteriores, Golias sempre vencia da primeira investida, porém se ele soubesse qual seria o resultado desta peleja, jamais a teria começado.

Continuando, observamos que Davi não mais mudou de opinião apressou-se e correu ao combate, á encontra-se com o filisteu.

Numa batalha como aquela (Davi e Golias), havia muitas coisas em jogo:

- A fama do Deus de Israel

- A gloria de Saul:

- A nação de Israel seria envergonhada:

- A filha do rei (Mical) iria ficar "*solteira*":

- A honra de Davi e de sua família; etc.

 Há um provérbio popular que diz:" *Não é preciso vencer, o importante é competir*"; mas, para Davi aquilo não se tratava de uma competição, e sim, era uma questão de vencer.

 Quantas pessoas acham que as batalhas da vida, não passam de competição, tanto faz para elas ganhar perder; porém o nosso adversário não pensa assim, ele só vem, se for para roubar, matar e destruir. Portanto, ou tomamos a atitude correta, ou colocaremos tudo a perder.

 Usando o que tem de melhor...

I Samuel 17:49- *"Davi meteu a mão no alforje, pois não esqueceu onde havia colocado as pedras."*

 Prezado leitor, você sabe onde estão guardadas as suas armas de guerra, ou, as enterrou em algum lugar e esqueceu?

- *"E tomou dali uma pedra e com a funda lhe atirou"*...

 Eu, pastor José Amarildo da Silva, suponho que

Davi pensava: *"eu tenho cinco chances, cinco pedras, mas, procurarei caprichar na primeira"*

Que coisa tremenda, se todo cristão pensasse assim. Deus dá a primeira chance, porém o cristão a perde e fica sempre confiando e esperando a próxima oportunidade.

Pessoas que poderiam se dar muito bem na vida, se, ainda jovens, fossem dedicadas em toda maneira de viver.

Alguns exemplos bíblicos a serem imitados: **Daniel capitulo 1** - Onde lemos a respeito da educação e dedicação de Daniel e seus amigos na corte de Nabucodonozor.

Em **II Reis capítulo 22** - Lemos a história do rei Josias, cuja dedicação foi ajuntar o povo de Israel, que estava disperso e trazê-los a renovar o pacto do Senhor Deus.

Porém, temos também, exemplos que não devemos seguir. **II Crônicas 33:1-10**- Aqui, veremos a idolatria do rei Manassés. E tantos outros personagens que não devemos imitar.

E feriu o filisteu na testa:

Para vencer é preciso ter um alvo, uma meta,

possuir um objetivo. Davi já tinha experiência em atirar com a funda, mas era, terminantemente necessário, acertar o alvo.

Para o leitor pensar; quantos minutos Davi esperou até Golias ficar na posição certa, para que ele jogasse a pedra sem errar o alvo, que era a testa do gigante: Ele não queria desperdiçar nenhuma pedra.

Na testa - que é a parte frontal da cabeça Golias não estava de costas para Davi, mas de frente, e a pedra não faz curva.

Por que na testa? representa aqui o raciocínio, a capacidade mental.

O gigante não morreu com a pedrada, apenas ficou sem resistência.

Jesus não matou Satanás, mas o venceu e por tê-lo feito, nós também podemos vence-lo em nome de Jesus.

Quando matamos uma cobra, jamais damos uma paulada na cauda, mas na cabeça, pois é lá que reside o perigo de sermos atacados.

Quando a bíblia diz que Jesus pisou na cabeça da serpente, está afirmando que, Ele tirou a autoridade de Satanás.

Davi também tirou a autoridade de Golias. O gigante perdeu a capacidade de pensar por uma estratégia de vitória.

E caiu com seu rosto em terra

Note, a bíblia não diz nesse trecho, que ele morreu, mas, diz apenas que caiu, com o rosto em terra.

Davi já havia falado que Deus não precisava de espada e lança, para salvar, e ele prova que é verdade. Amado leitor, você tem provado pra você mesmo, ou pra outras pessoas que a experiência que você prega é verdade!

Exemplo: Como é possível dizer que Jesus é o Príncipe de Paz, se na nossa própria vida isto não é evidente?

- Como pregar que Jesus salva, se você ainda não teve um encontro real com Ele; não o confessou e, muito menos se batizou?

Necessário é que, falemos e vivamos que verdadeiramente cremos.

Louvado seja o Deus todo poderoso, pela vida de Davi, que não vivia de falar, mas de executar as verdades e realidades concernentes a Deus.

Eu também creio, que Deus (em Jesus) salva sem precisar de aparato humano.

Leia ATENTAMENTE, **verso 50** de **I Samuel 17:** está escrito: " *Assim Davi prevaleceu contra o filisteu, com uma funda e com uma pedra, e feriu o filisteu, e o matou sem que Davi tivesse uma espada na mão.*" Observe, que a espada com a qual Davi cortou a cabeça do gigante não era dele, mas, do próprio Golias.

(**verso 51**) - Pelo que correu Davi: Davi não deixou que o gigante levantasse, mas correu para terminar o que havia começado. Quantos cristãos começam ou fazem um propósito, e por acharem que o problema foi amenizado, deixam de conduzir, cumprem até o fim, o referido propósito.

Se o gigante da sua vida não estiver morto, mas apenas desmaiado, corre e acabe com ele, mate-o. A vitória de Davi não estava apenas em ferir Golias, mas acabar com o reinado dele.

E pôs-se em pé sobre o filisteu: eu não sei se era costume da época, agir dessa maneira com o guerreiro vencido, mas parece com este gesto que Davi estava dizendo: Ao povo israelita:

"*Está aqui debaixo dos meus pés o vosso*

perseguidor, o que afrontava o Deus vivo."

Ao povo filisteu: *"Aqui está, debaixo dos meus pés o vosso líder, em que todos confiavam."*

- Fere a cabeça e todo o corpo fica desgovernado.

- E também para si próprio (Davi queria dizer): tão grande, orgulhoso, tão valente, tão prepotente, e, no entanto, ficou debaixo dos pés de um jovem pastor.

- E, para quem a expressão de Davi, bem como os gestos demonstravam: E ainda estou de pé, quem caiu foi ele.

Quão maravilhoso é lutarmos com gigantes, vencê-los e permanecer de pé em cima de tão grandes problemas. E tomou a sua espada (do próprio Golias), tirou da bainha e o matou.

Mediante a leitura do texto, sabemos que a funda e a pedra, não foi o que matou o gigante Golias, mas, foi com a espada do próprio Golias que Davi desferiu o último golpe e o matou.

Davi não ficou brincando com o problema como muitos fizeram e ainda fazem, mas agiu da maneira correta, fazendo o que deveria fazer na hora certa.

Há um ditado que diz: *"não se deve ferir a cobra, e*

sim matá-la".

O troféu do vencedor é a prova da vitória, recebida e conquistada.

E lhe cortou a cabeça com ela:

Existe um provérbio popular que diz: " *Eu mato a cobra e mostrou o pau com que a matei, mas, também volto ao lugar e mostro a morta*".

Hoje existem muitas pessoas que dão testemunhos na televisão, dizendo: eu estava afundado financeiramente, mas agora me tornei rico, porém se vasculharmos as vidas deles, iremos descobrir que, para chegarem a essa posição, fizeram muita gente sofrer.

Vejamos um exemplo: Um empresário evangélico, ficou rico, porém não pagou férias, nem décimo terceiro, e tão pouco o salário merecido aos seus funcionários. Ele na verdade, não acabou por completo com o problema, apenas feriu a cobra para se dar bem, mas a cobra continua viva e irá dar-lhe o bote quando ele menos esperar.

Talvez você não tenha entendido a linha de raciocínio, procurarei explicar melhor: Quando nós resolvemos, ou procuramos resolver os problemas por completo, essas atitudes trazem grandes bênçãos, não só para nós, mas, também para as pessoas que:

- Nos acompanham, nos cercam pessoas subordinadas a nós, todos saem ganhando.

O povo viu Davi: pegar a funda e colocar a pedra; lançar a pedra, e viu o gigante cair e ficar imóvel, porém nada disso era sinal de vitória consumada, mas Davi foi sábio, cortou a cabeça para servir de testemunho.

- Vendo então os filisteus, que o seu campeão era morto, fugiram. Até o momento, os filisteus esperavam uma reação de Golias, isto é, antes de Davi cortar-lhe a cabeça, entretanto ao presenciarem o ato de Davi, então tiveram a certeza de que seu campeão jazia morto. Então correram fugindo. Existem problemas que, além de muito sério, desencadeiam outros mais. Exemplo: Certa vez ouvi; um pastor que na sua pregação, relatava a história de um homem, dono de uma empresa, que não conseguiu fechar um determinado negócio (O nome dessa estória é: A bola de neve).

- O empresário não conseguiu realizar o negócio.

- Ao chegar em casa nervoso, brigou com a esposa.

- Retornando ao trabalho acabou brigando com o gerente, que por sua vez se desentendeu com o subgerente, o qual descarregou a raiva em cima do funcionário, que irritado discutiu com a mulher; a mesma, nervosa repreendeu as crianças que descontaram no cachorro, ele nada tinha a ver com a historia, porém instigado pela brutalidade das crianças surrou o gato que correu atrás do rato até o pegar e o espancou o qual começou a maltratar a ratinha que nem sabia do problema, dai, dormiram brigados; estas desavenças estragou a noite de amor dos ratinhos.

Moral da história: se o empresário agisse de forma diferente , não teria acontecido tanto transtorno.

Ele poderia ter usado a inteligência para perceber que amanhã seria outro dia, e todos ficariam felizes.

As vezes temos que tomar difíceis decisões, e não adianta empurrar a sujeira pra debaixo do tapete, é necessário remover a sujeira, trazendo-a para fora, limpar, exterminar e cortar o mal pela raiz. Quando aprendermos que, se não abrirmos brechas para o diabo, os demônios não têm como atirar; ao contrário, usaremos da autoridade que nos foi dada por Jesus, e colocaremos os espíritos imundo para correr.

A sua vitória contra os gigantes: poderá encorajar muita gente no mundo secular. Há exemplos de pessoas que venceram alguns gigantes como:

- Pelé, que venceu o gigante do racismo e influenciou muitos jovens a jogarem futebol;

- Cafú, venceu o gigante da rejeição e conseguiu fazer com que muitas crianças vencessem também!

- Então os homens de Israel e Judá se levantaram. A sua vitória e a nossa vitória poderão unir pessoas, Israel e Judá. A sua vitória pode fazer com que pessoas mudem de atitude: levantaram, se colocaram de pé. Para os que estavam escondidos e aterrorizados, a vitória de Davi, serviu de estímulo e coragem para enfrentarem de vez a batalha.

- Ele venceu aquela batalha e muitas outras, entrando para a história como: *"O homem, segundo o coração de Deus"*. Davi realmente foi um exemplo a seguir, porém nós seguimos o nosso mestre, o maravilhoso Senhor Jesus, que é vencedor invicto.

 Ele disse no evangelho de **João16:33**- "*Tenho vos dito isto, para que em mim tenhais paz; no mundo tereis aflições, mas tende bom ânimo, eu venci o mundo*".

 A sua vitória poderá trazer um novo cântico nos lábios dos que a vêm. E jubilaram; a palavra jubilar significa: encher-se de alegria excessiva.

O escritor da bíblia sagrada, ensina dizendo: **Tiago 5:13**-"*Está alguém entre vós aflito? Ore. Está alguém contente: cante louvores*".

Deduzo, então que, a alegria do povo de Israel era tão grande, que eles cantavam louvores a Deus, e não devemos esquecer que Davi era mestre, na atitude de louvar a Deus. A sua vitória trará ânimo para aqueles que estão pensando em parar: E seguiram, não ficaram parados.

 A palavra seguir, é o mesmo que, ir atrás; tomar como modelo; aderir. Assim como Davi foi até o fim, começou e terminou a luta com Golias. E o exército de Israel tomou a mesma atitude, seguiram e não pararam no meio do caminho. E ainda diz mais até chegar ao vale, cujo vale que o escritor deixou registrado, ficava perto da cidade de ECROM, e era a mais sensacional dentre as cinco cidades pertencentes aos príncipes dos filisteus.

 Até chegar ao vale.

O vale nunca foi um bom lugar para batalhar, porém se eles desistissem no vale, jamais teriam conquistado ECROM. A cidade de ECROM, no hebraico, significa: Extirpação, cujo significado é: arrancar uma planta pela raiz. Outra ideia para a palavra extirpar é a que o médico cirurgião executa, no paciente: exemplo: extirpou um tumor maligno, falando da nação de Israel, se eles conseguissem tomar ECROM, então, eles conseguiriam tomar a cidade mais poderosa dos filisteus.

exemplo: quando os Estados Unidos foi guerrear contra o Iraque, eles tiveram que tomar Bagdá.

 O exército de Israel precisava tomar a cidade de ECROM, para que fossem anulando as demais cidades em redor. Podemos tirar como aprendizado que, no exército de cristo, não podemos parar.

- Não podemos parar no vale.

- Desistir no meio do caminho.

- Temos que ir em busca da fonte do problema.

Ir até ECROM.

Só que, para ir até lá, o exército de Israel foi obrigado a parar em dois lugares:

- O primeiro era, Saaraim, que no hebraico, significa: Dupla fonte.

- O segundo lugar foi Gate: que representa lagar.

 Gate era considerada uma das cinco cidades mais importantes. Para vencer os exércitos dos filisteus, eles passaram: na dupla fonte; tomaram água; e com a força que adquiriram, pisaram o lagar e, depois extirparam os inimigos. Você amigo leitor, se quiser obter vitória, tem primeiro que passar na fonte, e saciar a sede da sua alma; Esta fonte é Jesus. E com a força da água que você tomar, irá certamente, pisar o lagar, que também significa: problema.

 Então você verá os seus inimigos caírem por terra. Você que está lendo este livro, já parou pra pensar e ver o que na sua vida precisa ser extirpado?

Onde está o seu maior problema? Extirpe-o ainda hoje.

- Então voltaram os filhos de Israel, de perseguirem os filisteus e despojaram seus arraiais. O resultado da batalha, já tinha sido escrito pelo próprio Deus.

Por que eu, pastor Amarildo tenho tanta certeza?

- Um exército de pé; com alegria inusitada.

- Um exército que não desiste, enfim, o resultado já era previsto por Deus; despojaram seus animais.

Conclusão: não existe gigante tão grande deitado: pode até ser o gigante Golias, que no hebraico (como já lemos anteriormente), significa: exílio.

Se nós conseguirmos derrubá-los, certamente poderemos vencê-los. Quase todos os gigantes têm uma cabeça, ou seja, um mentor; muitas vezes criamos gigantes pela nossa maneira de agir, de ser, no nosso dia-a-dia.

 Então como vencer estes gigantes?

- Enfrentando-os cara a cara.

- Usando o nome mais poderoso do universo Jesus;

- Usando as armas que o Senhor deu;

- Derrubando o gigante do pedestal em que ele se encontra.

- Pisando nele não permitindo que se levante;

- E, se ainda der sinal de vida, então a cabeça dele será cortada, assim feito;

- Trazê-los para a cidade onde mora, para que as pessoas vejam seu troféu;

- Pegar as armas do gigante e, guardá-las na sua tenda, mostrando ao povo que você tem controle sobre as mesmas.

NOTA: Se o gigante a se apresentar, for o da:

Rebelião (conforme comentamos no primeiro capítulo), então, "*devemos nos rebelar contra a rebelião*".

- Porém, se o que tentar atacar for o gigante da cama de ferro, a única alternativa, será pedir ao Senhor Jesus para acender a chama do espírito, para derreter tanto o gigante, quanto o leito dele.

- Mas, se Golias que levar-lhe para o exílio, lembre-se, que existe uma pátria celeste, a qual Jesus preparou e ninguém, nem nada poderá tirá-la de você, porque é um direito adquirido, através do seu sangue poderoso do cordeiro imaculado.

VENCENDO GIGANTES

PARTE VIII

O GIGANTE DE NOME: ISBI-BENOBE

II Samuel 21:15-16.

"Tiveram mais os filisteus numa peleja contra Israel; e desceu Davi, e com ele os seus servos; e tanto pelejaram contra os filisteus, que Davi se cansou.

E Isbi-benobe, que era dos filhos do gigante, e o peso de cuja lança tinha trezentos siclos de cobre, e que cingia uma espada nova, este intentou ferir a Davi.".

No capítulo anterior lemos a grande história de um simples mancebo sobre um "grande" gigante. Neste capítulo, porém, leremos a história do mesmo homem, que quase foi derrotado pelo filho do gigante que ele havia matado.

- *"Tiveram mais os filisteus uma peleja contra Israel..."*.

 Sabemos que os filisteus eram inimigos implacáveis da nação de Israel: Pelo que está escrito, creio que foram os filisteus que começaram mais uma peleja. O que dá a entender é que eles não desistiam facilmente tanto que quem desce na primeira batalha é Davi, um rapaz e agora um homem, porém mais velho, mais consciente e muito mais experiente.

Desta vez ele, não foi com outro objetivo, tomar a frente da batalha, porque agora, Davi era o rei de Israel. Só que ele não foi sozinho, levou consigo seus servos. Começa a peleja Davi vai guerreando, as espadas batendo umas contra as outras, um golpe aqui, outro ali, levanta o escudo para se proteger do adequado inimigo, etc.

Até que Davi se cansou.

- Ele não era mais aquele jovem de dezessete anos.

- Quando os anos se passam, as forças também se vão.

- Estamos comentando acerca de um gigante novo.

- Quando o cansaço vem, é melhor pedir ajuda.

Parece que ISBI-BENOBE só estava esperando o momento certo para apanhar Davi, que seria exatamente quando estivesse vencido pelo cansaço.

Prezado amigo, talvez você já tenha vivido momento de glória, na vida cristã; já venceu tantas batalhas e tantos gigantes, que até perdeu a conta, porém depois de tantas pelejas, acabou se cansando de tudo chegou à exaustão.

Pois lhe digo: Tome cuidado, não desanime, não deponha as armas, porque os adversários só estão esperando o momento certo ou mais propício para agir contra você.

Este gigante talvez, seja o mais perigoso. Ele não vem cara a cara, porque sabe que você é um soldado experiente. Tome cuidado e não esquece, a estratégia é, pedir que alguém lhe ajude e fique a sua retaguarda.

- Isbi-benobe; podemos denominá-lo; O gigante oportunista.

Observando o aparato militar e a forma de agir, poderemos chamar esta peleja de: A vingança.

- Quem era Isbi-benobe? Um dos filhos do gigante.

Além de toda armadura de guerra, carregava consigo uma lança, cujo peso era de trezentos siclos de cobre.

- Possuía uma espada nova.

- Intentou ferir a cabeça da tribo de Israel.

- Intentou ferir a Davi.

A palavra intentar, quer dizer: tentar, planejar, projetar.

 Baseado nestes significados posso dizer que o gigante planejou ferir a Davi, no entanto não conseguiu seu intento.

 Vejamos as razões pelas quais o gigante não o conseguiu:

 Davi não estava só na peleja; com isto podemos chegar à conclusão de que é muito bom ter amigos para lutar conosco na batalha.

Lembre-se, querido leitor quando a amizade é verdadeira, nos faz muito bem.

- Davi não tinha predileção por pessoas, não colocava restrição a ninguém, que fosse parente ou não, era só ser corajoso e de boa índole, que ele integrava ao seu exército.

II Samuel 21:17- *"Porém Abisaí, filho de Zeruia, o socorreu, e feriu o filisteu, e o matou...".*

- Quem era Abisaí: filho de Zeruia, irmã de Davi, cujo nome no hebraico significa: meu pai é Jessé.

 Concluímos, então, que Abisaí era sobrinho de Davi, o qual vendo o tio cansado na peleja, correndo risco de morte, comprou a briga.

 Há um certo escritor que expressou nesta frase algo que me chamou atenção: *"Quando a coragem e a força se unem, forma uma aliança, quase inquebrável".*

 Vemos neste episódio da vida de Davi, que alguém mais jovem o ajudou.

- A bíblia diz que o jovem Abisaí socorreu a Davi. A palavra socorrer significa: defender, prestar socorro; auxílio; amparo; proteção.

- Não posso afirmar, mas posso deduzir que:

- Davi tivesse pedido socorro.

- Abisaí, além de estar na peleja, vigiando o exército, defendendo o patrimônio de Israel e também ficava de olho no rei Davi, sem o perde-lo de vista.

O que podemos aprender com isto é:

- Bom seria se em vez de estarmos preocupados somente com a nossa vida, estivéssemos dispostos a lutar e defender a causa de Cristo.

Mas, para isso é necessário ficar de olho no rei.

Jesus não pediu socorro na cruz do calvário, porém isso não nos impede de estar com os olhos fixados Nele.

Quantas pessoas, irmãos não sabem e não procuraram defender seu pastor dos ataques do inimigo, entram na batalha com o seguinte pensamento: "*Cada um por si, e Jesus por todos.*".

Lendo a concordância bíblica, a respeito de Abisaí, eu verifiquei que ele nunca perdeu a fidelidade para com Davi, foi fiel até a morte.

- A lei da semeadura é linda e eficaz. Se voltarmos um pouco na história do povo de Israel, quando Davi foi confrontar o gigante Golias, lembraremos que:

- Ele saiu para defender a nação israelita e o reinado de Saul. Ele semeou e colheu quando mais precisava, Deus usou o sobrinho para defendê-lo. Vejam que lição!

Conselhos práticos: Procure fazer o bem, porque certamente, no tempo certo, você ceifará ou colherá. Vejamos o que diz a bíblia acerca da semeadura:

- **Eclesiastes 11:1-6**: *"Lança teu pão sobre as águas, porque depois de muitos dias o acharás. Reparte com sete e ainda com oito, porque não sabes que mal haverá sobre a terra. Estando as nuvens cheias, derramam a chuva sobre a terra, e caindo a árvore para o sul, ou para o norte, no lugar em que a arvore cair, ali ficará. Quem observa o vento, nunca semeará, e o que olha para as nuvens, nunca segará. Assim como tu não sabes qual o caminho do vento, nem como se formam, os ossos no ventre da que está grávida, assim também não sabes as obras de Deus, que faz todas as coisas. Pela manhã semeia tua semente, e a tarde não retires a tua mão, porque tu não sabes qual prosperará: se esta, se aquela, ou se ambas igualmente serão boas."*.

- **II Coríntios 9:6-10**- *"E digo isto: que o que semeia pouco, pouco também ceifará; e o que semeia em abundância, em abundância também ceifará. Cada um contribua segundo propôs no seu coração, não com tristeza ou por necessidade; porque, Deus ama ao que dá com alegria. E Deus é poderoso para* *fazer abundar em vós toda graça, a fim de que tendo sempre em tudo, toda a suficiência, abundeis em toda a boa obra;*

Conforme está escrito: Espalhou, deu aos pobres a sua justiça permanece para sempre. Ora, aquele que dá a semente ao que semeia, e pão para comer, também multiplicará os frutos da vossa justiça.".

- **Oséias 8:7-** *"Porque semearam ventos, e segarão (colherão) tormentas: não há seara; a erva não dará farinha: se a der, tragá-la-ão os estrangeiros.".*

Não fale mal do seu pai, do seu pastor, porque eles já estão um pouco avançados em idade. Lembre-se que eles já foram jovens e guerreiros. Procure ajudá-los a vencer os gigantes que vêm contra eles, que podem não possuir mais tanta força física, porém possuem verdadeira riqueza em experiências, tanto na vida secular, quanto na vida com Deus.

"E feriu o filisteu e o matou."

Lendo esse texto da bíblia, comparando-o com a peleja de Davi contra Golias, descubro como é bom quando o cristão passa exemplos para os menores.

No texto diz que Abisaí, sobrinho de Davi, também feriu e matou o gigante.

O que aprendemos nesta história, é que:

- O gigante era oportunista e traiçoeiro.

- Era um perigo de morte para Davi, e não somente para ele, mas para toda a nação israelita.

- Aquele gigante não poderia apenas, ser ferido; mas deveria ser morto.

- Em todas as áreas da vida existem problemas, porém, não há problema maior gigante que o pecado.

O pecado é o maior gigante da vida do homem, ele causa morte em três escalas.

- Morte física - **Atos-5:1-11**- *"Mas um certo varão chamado Hananias, com Safira, sua mulher, vendeu uma propriedade. E reteve parte do preço, sabendo-o também sua mulher, e, levando uma parte, a depositou aos pés dos apóstolos.*

Disse então Pedro: Hananias, por que encheu Satanás o teu coração, para que mentisses ao Espírito Santo, e retivesses parte da herdade?

Guardando-a não ficava para ti? E, vendida, não

estava em seu poder? Por que formaste este desígnio em teu coração? Não mentiste aos homens, mas a Deus.

E Hananias, ouvindo estas palavras, caiu e expirou...".

Na continuação do capítulo, veremos que a Safira, sua mulher, teve o mesmo castigo, a morte física.

Verso 11- *"E houve um grande temor em toda a igreja, e em todos os que ouviram estas coisas.".*

Deuteronômio 54:16- *"Os pais não morrerão pelos filhos, nem os filhos pelos pais: cada qual morrerá pelo seu pecado.".*

- Morte espiritual - **Romanos. 6:14**- *"Porque o pecado não terá domínio sobre vós, pois não estais debaixo da lei, mas debaixo da graça.".*

- **Gênesis. 13:13**- *"Ora eram maus varões de Sodoma, e grandes pecadores contra o Senhor.".*

- Morte eterna - **Mateus. 25:46** - *"E irão estes para o tormento eterno, mas os justos para a vida eterna.".*

- **II Tessalonicenses- 1:9**- *"Os quais por castigo padecerão eterna perdição ante a face do Senhor e a glória do seu poder.".*

- **II Pedro. 2:17**- *"Estes são fontes sem água, nuvens levadas pela força do vento; para os quais a escuridão das trevas eternamente se reserva."*.

Comparando o pecado com um dos maiores gigantes, podemos dizer que o pecado pode, não só matar àqueles que o cometem, mas também àquele que convivem com os que praticam.

Para matar o gigante, sobre o qual, comentamos anteriormente, foi necessário que o sobrinho de Davi entrasse em cena, como defensor dele.

E, para a nossa felicidade, quem entrou e entra em cena para nos defender é também, um descendente de Davi, que se chama: Jesus de Nazaré, cujo gigante foi vencido por Ele, que nos dá força para vencer os embates gigantescos de cada dia.

Apresentarei alguns textos bíblicos para serem lidos e meditados:

- **Isaías. 1:18**- *"Vinde então, e argui-me, diz o senhor; ainda que os vossos pecados sejam como a escarlata, eles se tornarão brancos como a neve; ainda que sejam vermelhos como carmesim, se tornarão como a branca lã."*.

- **Isaías. 38:17**- *"Eis que para minha paz, eu estive*

em grande amargura; tu, porém tão amorosamente abraçaste a minha alma, que não caiu na cova da corrupção, porque lançaste para trás das tuas costas todos os meus pecados."

- **Isaías. 53:10**- *"Todavia, ao Senhor agradou o moê-lo, fazendo-o enfermar; quando sua alma se puser por expiação do pecado, verá a sua posteridade, prolongará os dias; e o bom prazer do senhor prosperará na sua mão.".*

- **Mateus. 9:2**- *"E Jesus vendo a fé deles, disse ao paralítico: Filho tem bom ânimo, perdoados te são os teus pecados.".*

- **I Coríntios. 15:3**- *"Porque primeiramente vos entreguei o que também recebi: Cristo morreu por nossos pecados, segundo as escrituras.".*

- **II Coríntios. 5:21**- *"Àquele que conhece pecado, o fez pecado por nós; para que nEle fossemos feitos justiça de Deus.".*

- **I Pedro. 4:8**- *"Mas, sobretudo, tende ardente caridade uns para com os outros; porque a caridade cobrirá a multidão de pecado.".*

- **Apocalipse. 1:5**- *"E da parte de Jesus Cristo, que é a fiel testemunha, o primogênito dos mortos e o* *príncipe dos reis da terra. Àquele que nos ama, e em seu sangue nos lavou dos nossos pecados.".*

 Na carta aos **hebreus no capítulo 4:14-16**, está escrito:

"Visto que temos um grande sumo sacerdote, Jesus, filho de Deus, que penetrou nos céus, retenhamos firmemente a nossa confissão. Porque não temos um sumo sacerdote que não possa compadecer-se das nossas fraquezas: porém um que, como nós em tudo foi tentado, mas sem pecado.

Cheguemos, pois, com confiança ao trono da graça, para que possamos alcançar misericórdia e achar graça a fim de sermos ajudados em tempos oportuno."

- Então os homens de Davi lhe juraram, dizendo: Nunca mais sairás a peleja, para que não apagues a lâmpada de Israel.

 Se prestarmos atenção no texto que estamos lendo, descobriremos o quanto Davi era amado e respeitado, porém isto não o impedia de ser um simples mortal. O carinho que os soldados tinham pelo seu rei, como também todo o povo de Israel, era tão grande que levou os capitães á se reunirem para tomar uma decisão seríssima, e chegando a um denominador comum, disseram: Olha rei, a partir de hoje nunca mais sairás a peleja conosco. Eles haviam notado o cansaço do rei.

 Como escritor deste livro, eu, particularmente não sei se eles fizeram certo ou errado, ao tomarem aquela decisão.

Olhando o lado bom daquela decisão:

- Davi já não tinha a mesma força. (agiram certo)

 -Eles estavam querendo preservar a vida do rei. (agiram certo)

- Estavam defendendo o patrimônio deles. (agiram certo)

- O cuidado para que a lâmpada não fosse apagada em Israel. (agiram certo)

- Possuíam um bom motivo para fazerem o juramento. (agiram certo)

Em todas estas decisões, ou seja, ações, eles agiram corretamente.

Analisando o lado ruim da história:

- Não se deve tomar decisão pelos outros, aliás, a ninguém é permitido isso. (ação errada)

- Não é possível fazer juramento, quando se trata da

vida de alguém. (ação errada)

- Davi era um rei, guerreiro e valente, portanto, não é permitido tomar decisão pelo rei. (ação errada)

- Rejeitaram a presença do rei nas pelejas, agiram da maneira errada, pois desprezaram a experiência.

Davi matou um urso, um leão, o gigante Golias, escapou da ira de Saul, etc... E o senhor sempre lhe deu vitória, a vida de Davi estava totalmente nas mãos de Deus. Ele foi comparado a uma lâmpada que iluminava Israel em Israel.

 A lâmpada precisa de dois elementos para permanecer acesa, o primeiro elemento é a energia elétrica, o segundo elemento seria o óleo (no tempo de Davi). Uma lâmpada não acende por si só, ela precisa do elemento certo para fazê-la brilhar.

 Quando se trata da energia elétrica, é necessário que haja um interruptor para ligá-la, desliga-la, quando precisar.

 Falando do óleo, não pode deixá-lo faltar. Visto deste lado, ou seja, essa comparação do rei de Davi com uma lâmpada, estava na mão de Deus desliga-lo ou não.

 O óleo simboliza o Espírito Santo e, se faltasse na

vida de Davi, certamente, ele morreria.

- **Salmos. 51:10-12-** *"Cria em mim, ó Deus, um coração puro, e renova em mim um espírito reto. Não me lances fora da tua presença, e não retires de mim teu Espírito Santo. Torna a dar-me a alegria da tua salvação, e sustem-me com um espírito voluntário."*.

Acontecimentos passados na vida de muitas pessoas ficam registrados nos seus corações e na maioria das vezes as levam a se condenarem e se frustrarem a vida toda. Entretanto, servem para nosso aprendizado.

Quantas vezes nos encontramos como Davi: cansados da peleja do dia a dia; da pressão psicológica; e numa séria de coisas mais, que implicam até em corrermos risco de morte. Porém é bom que nos lembremos do amigo verdadeiro que não permite que o gigante nos consuma, porque Ele mesmo disse em **João. 15:15** - *"Já não vos chamarei servos, porque o servo não sabe o que faz o seu senhor, mas tenho-vos chamado amigos, porque tudo quanto ouvi de meu Pai vos tenho feito conhecer."* Jesus é o amigo verdadeiro. Ele foi amigo de João; amigo de Pedro, quando ele mais precisou, quando o gigante do desânimo quis acabar com ele, este amigo gritou da areia da praia. **João 21:1-7**- *"Depois disto manifestou-se Jesus outra vez aos discípulos junto do mar de Tiberíades: e manifestou-se assim: Estavam juntos Simão Pedro, Tomé, chamado Dídimo, e Natanael, que era de Cana da Galiléia, os filhos de Zebedeu, e outros dois dos seus discípulos... continuando este capítulo, leremos a narração de Jesus, após a ressurreição, quando aparece aos discípulos, que tinham voltado a pescar no mar de Tiberíades... Quando o gigante da desesperança quis acabar com Paulo, este amigo verdadeiro mostrou a solução* - **II Coríntios. 1:8-11**- " Porque não queremos irmãos, que ignoreis a tribulação que nos sobreveio na Ásia, pois que fomos sobremaneira agravados mais do que até a vida desesperamos.

 - Aqui, nesse texto narra o desespero de Paulo, a ponto de desanimar de viver. Basta a nós também, confiarmos neste amigo que jamais perdeu e jamais perderá uma batalha.

Ele nos livrará da mão de todos os gigantes e nos fará a cada dia vencedores, porque ele é fiel.

VENCENDO GIGANTES

PARTE IX

O GIGANTE LIMIAR PARA SER PISADO

-**II Samuel. 21:18**- *"E aconteceu depois disto que houve em Gobe, ainda outra peleja contra os filisteus: então, Sibecai o husatita feriu a Safe, que era dos filhos do gigante."*

Lendo o texto em questão, podemos entender que os gigantes eram comuns na época de Davi, e lemos que havia hereditariedade nas famílias, não somente pelo tamanho, mas também a profissão; aptidão de guerreiros, que passavam dos pais para os filhos; e cujo objetivo era por fim no exército de Israel.

Há muitas verdades que podemos tirar como lições para nós nestes versículos:

- Houve um intervalo de tempo entre uma batalha e outra; eu não sei de quanto tempo.

- A batalha aconteceu, foi real.

- Foi travada em um lugar diferente; GOBE.

- O inimigo existiu, realmente, embora não haja menção do nome dele na bíblia.

- Alguém estava disposto a lutar, e não deixar o gigante prevalecer; este era Sibecai...

-No decorrer das nossas vidas, nos deparamos com pelejas difíceis, e batalhas a enfrentar. Quando pensamos: agora que o mar se acalmou, então terei um pouco de tranquilidade, vou até poder sentar-me na varanda da casa e descansar; mas, bem ao longe se formar outra tempestade.

Como poderia o escritor sagrado deixar registrados este relato se o mesmo não tivesse acontecido realmente?

Esta batalha não foi uma ficção tirada da mente do escritor sagrado diz: Houve depois disto...

As batalhas são classificadas em ordem; uma depois da outra. No nosso caso, Deus sempre tem refrigério, um intervalo de tempo, para que possamos respirar e nos fortalecer, entretanto as pelejas não deixarão de vir, elas fazem parte do tratamento do Pai com a nossa natureza corrompida.

Esta batalha ocorreu em um lugar definido. A

pergunta é: Onde está sendo travada a sua batalha, querido irmão? Você já sabe quem é o seu adversário, sabe qual é o nome dele?

Nós sabemos que, em toda batalha existe um vencedor e um perdedor; e que também há algo em jogo a ser conquistado ou perdido. No nosso caso não é diferente. Deus, as aparentes derrotas são a oportunidades de preparação para que vençamos as guerras.

- Vejamos alguns exemplos bíblicos de pessoas que sofreram aparentes derrotas:

- Eva perdeu uma batalha, por meio do olhar, porém venceu outra maior, que veio do seu interior, seu ventre.

Gênesis. 3:6 - fala da perda - *"E vendo a mulher que aquela árvore era boa para se comer, e agradável aos olhos e arvore desejável para dar entendimento, tomou do seu fruto e comeu, e deu também á seu marido, e ele comeu com ela."*.

Mas no mesmo livro: **Gênesis. 3:15** - *"E porei inimizade entre ti e a mulher, entre a tua semente e a sua semente: esta te ferirá a cabeça, e tu lhe ferirás o calcanhar."*.

Aqui, pois, está a promessa da grande e magnífica vitória: Jesus.

Eva estava tão fascinada pela beleza do fruto que não percebeu o tamanho do gigante, ou do problema que estava se levantando. Ela perdeu porque não quis dar ouvidos a palavra de Deus.

Esta palavra é simbolicamente, comparada com uma espada de dois gumes, que pode ferir por fora, e só ela pode fazer a divisão interior que é a divisão do espírito e da alma.

Penetra, ainda, no mais profundo do ser humano.

Para ter acontecido tamanho deslize, dá a entender que Eva estava com o primeiro termo que Jesus menciona na parábola do semeador.

- **Mateus. 13:1-4**- *"Tendo Jesus saído de casa naquele dia, estava assentado junto ao mar; e ajuntou-se muita gente ao pé dele, de sorte que, entrando num barco, se assentou; e toda a multidão estava em pé. E falhou-lhes de muitas coisas por parábolas, dizendo: Eis que o semeador saiu a semear.*

E, quando semeava, uma parte da semente caiu ao pé do caminho, e vieram as aves a comeram-na.".

E foi por causa disto acredito, que ela perdeu a batalha para o gigante, chamado: Tentação ou cobiça dos olhos. Porém, ela ganhou a batalha quando Deus entra em cena, e lança a palavra da promessa, traz a solução. A palavra que Ele trouxe ou deu, não apenas, falou aos ouvidos, mas estava ligada diretamente, ao seu interior, ou seja, ao coração, está em: **Gênesis 3:15**- como já citamos anteriormente. Para entendê-la melhor, é bom saber que a semente, da qual Deus falou em **Gênesis 3:15**: se trata de filhos, no caso deste texto, fala precisamente do filho de Deus, Jesus.

E, Eva não perdeu a possibilidade de ter filhos; mas a verdade, é para que os filhos tenham um melhor aprendizado, necessário é que os mesmos tenham os pais como ponto de referência. Então, depois do grave erro cometido por ela, ficaria muito difícil ensinar aos filhos que viessem a nascer, a partir daquele momento, ou, do momento da queda. Assim como uma semente é lançada na terra e precisa de cuidados para que germine e cresça, assim os filhos de Adão e Eva agora, sujeitos ao pecado, necessitariam de cuidados e zelos redobrados.

Será que já paramos para pensar no tamanho do

gigante que Eva permitiu que nascesse como consequência do seu ato de desobediência: Como falaria ou pregaria a respeito da obediência a Deus, se ela procedeu de forma tão insana e terrível; O que diria acerca da obediência, para os seus filhos, quando estivessem à mesa assentados para jantar se havia feito o contrário do que Deus falou? Seria assim? *"Olhem meus filhos, eu, seu pai e seus irmãos vivíamos em um lindo e magnífico jardim, porém eu cobicei e comi do fruto, o qual o Senhor Deus havia ordenado que não comesse, e é exatamente por isto que nos encontramos aqui hoje, nesta situação de peleja pela sobrevivência."* Mas Deus, que, sendo o todo poderoso, porém infinitamente misericordioso, prometeu para Eva, que daria filhos, apesar do grave erro cometido.

Portanto, se a palavra de Deus é usada para, simbolicamente, representar a semente, então creia e medite nos seguintes textos bíblicos.

- **Isaias. 55:10-11**- *"Porque, assim como desce a chuva e a neve dos céus, e para lá não torna, mas rega a terra, e a faz produzir, e brotar, e dar semente ao semeador, e pão ao que come. Assim será a palavra que sair da minha boca: ela não voltará pra mim vazia, antes fará o que me apraz, e* *prosperará naquilo para que a enviei.".*

- **Jeremias. 1:12**- *"e disse-me o Senhor: viste bem; porque eu velo sobre a minha palavra para a cumprir.".*

Por estes dois versículos, posso concluir que: Apesar da aparente derrota da mulher (Eva), Deus por sua misericórdia, lhe deu uma nova semente, e foi unicamente por Deus, que ela pode sair como vencedora.

Voltando, a batalha aconteceu em um lugar chamado GOBE, que no hebraico significa: cisterna; lugar de água.

Mas, nesta batalha, só um iria enfrentar o gigante embora houvesse muita gente envolvida. Ainda bem que o gigante se levantou no lugar onde havia muitas cisternas. E, quando eles (os gigantes) se levantam em ligares onde jamais se espera ou pensa, é você mesmo que Deus escolhe para combatê-los e vence-los.

Eles não aparecem em um só lugar, ou da mesma maneira. É preciso estar alerta, e ouvir a estratégia que Deus lhe dar nestes momentos.

Citamos alguns exemplos (simbólicos) com os

gigantes tirados da bíblia:

- O gigante de Eva, se levantou no jardim do Éden.

- O gigante de Noé, se levantou no meio do povo incrédulo.

- O gigante de Abraão surgiu, quando Sara o convenceu a conhecer a Hagar, da qual, nasceu Ismael.

- O gigante de Izaque se levantou, quando mandou, que Ezaú lhe preparasse um guisado.

- O gigante de Elias, se levantou depois da grande vitória no monte Carmelo, no qual presenciou a gloria de Deus manifestada do modo assombroso...

Querido irmão e amigo leitor, em qual área da sua vida, o gigante tem se levantado? Talvez você fique se perguntando, porque os meus vizinhos e outras pessoas que estão ao meu redor, não passam as mesmas coisas que eu, por que tem que ser eu, a passar por isto?

A resposta é simples: O gigante do seu vizinho é outro, talvez você pense: quem deveria passar por este tipo de problema, seria o meu pastor. Ele tem mais estrutura que eu... Mas é puro engano, este gigante é para você vence-lo e não outro.

Deus lhe escolheu para vencer, e, se Ele o fez é porque tem confiança que você é capaz de enfrentá-lo e vencer com grande margem de vitória. Ele está ao seu lado e presente em qualquer ocasião.

- **II Crônicas. 15:7**- *"Mas esforçai-vos e não desfaleçam as vossas mãos: porque a vossa obra tem uma recompensa."*.

- Então Sibecai o Husatita...

È louvável, a atitude de muitas pessoas, quando tomam a dianteira e se dispõem a pelejar contra os gigantes que se levantam no dia a dia.

O mais interessante é que a pessoa citada no texto, não lutou contra o gigante para ganhar o cargo maior, ou para passar de capitão para general, mas dá a entender que ele estava na batalha, e um a mais não iria fazer a diferença, ele só queria ajudar o seu exército e vencer.

Esta deveria ser a atitude de muitos, concernente à obra de Deus, não fazer porque almeja sentar na cadeira do vice-presidente, ou do próprio presidente; mas para ajudar aos outros e glorificar o nome de Deus todo Poderoso.

Esta parte c do versículo comentado começa com uma palavra bastante usada para dividir o tempo, que é a palavra: Então.

Naquele tempo, no tempo da batalha, alguém se prontificou a lutar com o gigante, e este alguém foi: Sibecai o husatita.

- Quem era Sibecai o husatita:

Segundo Orlando Boyer, por ter pouca informação, não achou tradução do hebraico para o português a respeito do seu nome, mas ele fez questão de escrever a respeito de Sibecai, o seguinte:

Foi ele um valente do exército de Davi.

- **II Samuel. 21:18** - Deduzo, eu, Pastor Amarildo Silva, que ele fosse filho de Husai, pelas vogais e consoantes do seu lugar de origem. Não é afirmação, como já disse, e sim dedução.

- **II Samuel. 15:32**- *"E aconteceu, que chegando Davi ao cume, para adorar ali a Deus, eis que Husai, o arquita, veio encontrar-se com ele, com o vestido rasgado e terra sobre a cabeça."*

A fidelidade de Sibecai foi tão sincera que nos dá a entender que fosse filho ou parente de Husai.

Foi Husai, um dos maiores e mais leais amigos de

Davi, ele falou para Absalão não dar ouvidos aos conselhos de Aitófel.

- **II Samuel. 17:7**- *"Então disse Husai a Absalão: o conselho que Aitofel deu desta vez aconselhou não é bom."*.

Assim sendo, concluo que essa herança de caráter, chamada fidelidade, passou de pai para filho. Note, isto se trata de um simples comentário bíblico ou, conclusões do autor deste livro, não está escrita na bíblia, mas creio, que vale a pena pensar nesta possibilidade, pois não se trata-se de um pai ou de um filho perverso, mau, jamais alguém depositaria sua confiança neles, no entanto por se tratar de duas pessoas honestas com prestigio, podemos então, chegar a esta conclusão.

Ele foi reconhecido como um valente pelo escritor bíblico, a e prova concreta, o fato é que, quando chegou o seu momento na luta, Sibecai não recuou, ao contrário, enfrentou sem pestanejar. Foi a chance que Deus lhe proporcionou para que fosse notado e entrasse para a história, como um valente.

- Comentário à parte deste pregador: quem sabe, quando Sibecai frequentou a escola, algumas vezes, como todo menino, apanhava dos outros alunos e, tinha que correr pra casa chorando, seu pai ou sua mãe enxugando-lhe as lágrimas, sem o saber profetizasse pra ele dizendo: Meu filho, você vai crescer e Deus Jeová tirará esse opróbrio de sobre ti, e chegará o momento e a hora que já estão reservados em que você será contado com os valentes.

Quantas vezes, quando o filho repete de ano, o funcionário, por alguma razão não vai bem na empresa, o alguém do nosso lado que em alguma circunstância, perdeu um round na batalha da vida, então por não possuirmos uma visão de águia, nós abrimos independentemente a boca, e dizemos: Este não tem futuro; não vai conseguir nada, não vai muito longe, ou não vai a lugar algum.

Lembre-se querido amigo, que está lendo este livro: Deus que é o único Dominador do Universo, já tem reservado o seu momento, de ser contado (não no exército do rei Davi porque pertence ao passado) mas no exército que pertence ao Único e Poderoso Deus, que jamais perdeu ou perdera uma batalha.

O seu momento de elevação, caro irmão, está chegando, não desista, pois, quando perceber que o gigante está se levantando, então, esta é a hora da oportunidade que Deus está lhe dando para entrar para a história dos valentes vencedores por Cristo Jesus.

<u>Alguns conselhos práticos:</u>

- Se o seu momento não chegou ainda, faça como Davi no **Salmo 40**: *"Esperei com paciência no Senhor, e ele se inclinou para mim, e ouviu o meu clamor...".*

- Não fique desesperado porque ainda não chegou a oportunidade que você está esperando: **Salmo 55:22**- *"Lança o teu cuidado sobre o Senhor e ele te susterá: nunca permitirá que o justo seja abalado.".*

- Esteja atento para as ocasiões oportunas que Deus lhe conceder, entre pela porta que Ele abrir: **I Coríntios. 16:9-** *"Porque uma porta grande e eficaz se me abriu, e há muitos adversários.".*

- Não se preocupe com os adversários **Josué. 1:5-** *"Nenhum se susterá diante de ti, todos os dias da tua vida: Como fui com Moisés, assim serei contigo: não te deixarei nem te desampararei.".*

- Quando você estiver no meio da luta, não fique desapercebido. Olhe para todos os lados, pois sua oportunidade poderá estar no meio da própria batalha.   **Josué. 1:9**- *"Não te mandei eu? Esforça-te, e tem bom animo; não pasmes, não te espantes; porque o Senhor teu Deus é contigo, por onde quer que andares."*

- Não fuja da batalha, nem do gigante, ele pode ser grande no tamanho, mas Deus que está ao seu lado, não é apenas GRANDE, Ele é o Todo Poderoso, leia atentamente:

Números. 14:1-9 - *"Então levantou-se toda congregação, e alçaram a sua voz; e o povo chorou naquela mesma noite, e todos os filhos de Israel murmuraram contra Moisés e contra Aarão; e toda lhe disse: Ah! Se morrêramos na terra do Egito, ou ah! Se morrêramos neste deserto!...* **verso 9-** *(Josué diz ao povo. Tão somente não sejais rebeldes contra o senhor, e não temais o povo desta terra, porquanto são eles o nosso pão: retirou-se deles o seu amparo, e o Senhor é conosco; não os temais.".*

Estudando um pouco mais, acerca desta batalha, podemos aprender que, o escritor sagrado, se refere e escreve o assunto na dependência e orientação do Espírito Santo.

Sibecai o husatita, que feriu a Safe – **II Samuel. 21:18d** *"... então Sibecai, o husatita, feriu a Safe,* *que era dos filhos do gigante."*

A palavra ferir nos deixa pensar: será que ele feriu aquele gigante com ferida de morte, ou, apenas o feriu e o deixou, e o gigante, por ser muito forte acabou se recuperando? Ou será que Sibecai fez com, Safe, o que Davi fez com Golias?

Quem era Safe: um gigante filisteu que, no hebraico significa: limiar ou soleira da porta, e também quer dizer: começo.

Portanto, baseado no significado do seu nome, chegamos à seguinte conclusão:

- Tudo o que tem começo, tem fim.

- Apesar de possuir grande estatura, era considerado como soleira, que é onde se põe o pé ou pisa, ao entrarmos num recinto.

- O único que é infinito é Deus.

- Safe, apesar de gigante, encontrou alguém para pisar nele.

- Pra pisar na soleira, numa soleira é preciso entrar por uma porta.

- A única porta que temos acesso a entrar por ela é Jesus - **João. 10:9** - *"Eu sou a porta; se alguém entrar* *por mim, salvar-se-á, e entrará, e sairá, e acharás passagem.".*

- Quem entra por esta porta, pisa no limiar e, jamais perderá uma batalha, para o gigante que significava limiar, Safe.

- A porta poderá até estar fechada, porém você estará pisando no limiar até que ela se abra.

Safe era um dos filhos do gigante: parece-me que esta família era muito respeitada, aliás, em se tratando do gigante comentado acima, parecia, pelo significado do seu nome, que era o mais humilhado, ou que possuía menos conceito no seio da família.

As nações naquela época escolhiam os nomes dos filhos pelo significado das ocasiões de derrotas ou vitórias, situações boas ou más, daí talvez venha a origem do nome deste que, pertencendo a uma família de gigantes trazia, ou seja, um nome que significa: humilhação, Safe: soleira, limiar.

Querido irmão, o gigante que está querendo acabar com você, pode até ser muito grande, diante da sua situação, mas Deus a quem nós servimos, com certeza irá humilha-lo.

Aí, você irá não só feri-lo, mas exterminá-lo e ainda, deixá-lo sem descendentes.

Quando o Deus todo poderoso abrir a porta almejada, você irá parar (pisar) em cima dele, e entrar pela porta, que é Jesus, cantando o hino da vitória. Glória a Deus eternamente, amém, mais um gigante vencido.

<u>Conclusão:</u> Os gigantes pertencem a uma família bem unida.

A nossa união, no entanto, foi realizada na cruz de cristo, e isto não se dá porque somos grandes, mas por ser maior o que está conosco do que qualquer gigante. Deixe que Ele apareça em você, e verá que, não existirá gigante para competir com o MAIOR de todos os gigantes.

VENCENDO GIGANTES

PARTE X

II Samuel. 21:19- "*Houve mais outra peleja contra os filisteus em Gobe; e Elanã, filho de Jaaré-Oregim, o belemita feriu Golias, geteu, de cuja lança era haste como órgão de tecelão.*".

Falando a respeito desta peleja, traçamos duas linhas de raciocínio: A primeira é que nesse texto onde é citado o nome de Elenã, está relacionado a Davi.

A peleja é do mesmo porte da peleja de Davi e Golias.

A segunda linha de raciocínio é que alguns preferem crer que Elanã seria irmão de Davi que também matou outro gigante, chamado Golias.

Eu, pastor Amarildo Silva, fico a segunda linha de raciocínio, até porque na última frase do versículo vinte está escrito: "*E também este nascera o gigante*".

Existe uma diferença quando o escritor sagrado escreve, começando a frase:

- Tiveram os filisteus numa peleja contra Israel...

- E aconteceu depois disto que houve em gobe ainda outra peleja.

- Houve mais outra peleja

- Houve ainda também outra peleja.

As pelejas entre os filisteus e Israel eram constantes, parecia que os filisteus só esperavam um gigante crescer, daí começavam a fazer guerra.

Versículo. 19, *"houve... esta batalha aconteceu, passou. O escritor da bíblia não estava querendo enfeitar a história da nação de Israel, ou de qualquer um de seus valentes"*.

Ele deixou bem explicito esta opinião: houve mais. Esta palavra MAIS, entra como adição, ou seja: soma acrescenta, etc.

E, para constatar que esta peleja contra os filisteus não foi aquela em que Davi matou o gigante Golias.

Observe a palavra a seguir: Outra; outra não é a mesma batalha, os acontecimentos são diferentes da primeira. O local foi o mesmo, em Gobe, que no hebraico quer dizer: cisterna. Este era o lugar preferido para campo de batalhas entre as forças de Davi e os filisteus.

Vejamos o que podemos tirar para nosso aprendizado, destas três palavras; houve; mais outra. Para ser testemunha de alguém em um tribunal é preciso duas coisas: Ter ouvido e visto algo.

Querido e amado irmão, existe alguém, o Único Deus, Onipotente, Onisciente e Onipresente que lhe vê e ouve, nas batalha que se travam em sua vida.

E, mais tarde, se ninguém aqui na terra escrever acerca de você e das suas pelejas, fique sabendo que, todas elas estão escritas no memorial de Deus. Para que nossos nomes sejam lembrados, é preciso que algo extraordinário aconteça, aí você, mesmo irá lembrar-se dás pelejas vencidas, e falará: - Houve em minha vida, em que achei que tudo estava perdido; que nada daria certo; por mim, jamais iria conseguir vencer aqueles problemas que pareciam insolúveis, porém o Senhor estava e sempre esteve comigo e me fez vencedor.

Mas: Se houve, ou, se houver mais algumas (podem ser algumas ou até mesmo muitas) pelejas, o Senhor prometeu e promete dar-nos vitória em quaisquer áreas de nossas vidas.

- Nas horas de Aflições: **Salmos. 34:18-20**- *"Perto 137 está o Senhor dos que têm o coração quebrantado, e salva os contritos de espírito. Muitas são as aflições do justo, mas o senhor o livra de todos. Ele lhe guarda todos os ossos; nem sequer um deles se quebra".*

- **João. 16:33**- *"Tenho-vos dito isto, para que em mim tenhais paz; no mundo tereis aflições, mas tende bom ânimo, eu venci o mundo."*.

- **Romanos. 8:18**- *"porque para mim tenho por certo que as aflições deste tempo presente não são para comparar com a glória que em nós há de ser revelada."*.

Nas tribulações: como refúgio **Salmos. 9:9**- *"O Senhor será também um alto refúgio para o oprimido; um alto refúgio em tempos de angústia."*.

Salmos. 34:6-7- *"Chamou este pobre, e o Senhor o ouviu, e o salvou de todas as suas angústias."*.

Salmos. 107:6-7- *"E clamaram ao Senhor na angústia, e ele os livrou das suas necessidades. E os levou por direito, para irem à cidade que deviam* *habitar.".*

Na hora das provações **- II Pedro. 2:9**- *"Assim, sabe o Senhor livrar da tentação os piedosos, e reservar os injustos para o dia do juízo, para serem castigados.".*

- Apocalipse. 3:10- *"Como guardaste a palavra da minha paciência, também eu te guardarei da hora da tentação que há de vir sobre todo o mundo, para tentar os que habitam na terra.".*

Nas perseguições: Muitos homens de Deus foram perseguidos no passado, porém o Senhor deu vitória a todos eles.

Vejamos alguns deles: Moisés, os profetas a igreja que, desde o seu início na terra até hoje sofre perseguições, mas Deus sempre tem dado vitória.

Outra peleja: a palavra peleja quer dizer: batalhar; combater; pugnar; guerrear.

Como já foi mencionado em alguns capítulos anteriores, para que haja uma peleja, é necessário que existam dois lados:

- O que bate e o que apanha.

- O que vence e o que perde.

- O que fica e o que corre.

- O vencedor e o derrotado.

No decorrer da história de Israel, lemos que, os adversários da nação eram sempre os mesmos, até parece que Deus usava os filisteus como um espinho na carne do povo israelita. Contudo se atentarmos cuidadosamente iremos descobrir que, Deus, quando quer colocar o nome de alguém na história, permite até que seja deflagrada uma guerra...

Nesta peleja, houve dois exércitos, mas só dois homens entraram em destaque: um deles para ficar registrado como vencedor e outro, para ser apontado como perdedor ou derrotado.

E você querido irmão, quer ser registrado como vencedor ou perdedor? A escolha é sua. A peleja pode ser renhida, o combate poderá ser intenso contra você, dentro da:

- Sua empresa;

- Sua casa;

- Sua congregação; seu trabalho, etc...

Ouça um conselho, não entregue os pontos, o seu nome vai entrar para a história, por causa desta luta. Aguarde em silêncio, o livramento de Deus, pare e veja o que Ele irá fazer por você.

Houve duas pelejas, no entanto, o inimigo era o mesmo e, cuja luta se travou no mesmo lugar.

- Local da peleja: Gobe, que no hebraico quer dizer: cisterna, como já lemos anteriormente, mas que lição tiraremos desse significado?

Não adianta deixarmos situações, questões mal resolvidas, pois um dia, mais cedo ou mais tarde, teremos que enfrentá-las e resolvê-las.

- Não importa qual seja a batalha, nem o lugar onde a mesma se trave, nosso Deus é todo Poderoso para nos dar vitória em todas elas.

Quantos irmãos que não conhecemos, vivem do outro lado do planeta, que como nós estão enfrentando os gigantes da vida: pode ser do outro lado do mundo, porém Deus lá está também, concedendo livramento e vitórias a eles, também.

Confesso aos leitores irmãos, que não sei porque aquele lugar foi denominado cisterna. Não sei se havia uma cisterna no mesmo, ou seria em razão de ter algo com o formato de uma cisterna, a verdade é que o lugar onde se deu a peleja, realmente existiu e talvez exista ainda hoje.

Já pensou o leitor, quão bom seria se em todos os lugares onde houvesse pelejas, existisse uma cisterna visível aos olhos para que pudéssemos mitigar nossa sede?

O mais glorioso é que, ainda que seja no deserto, Deus providencia o socorro, *"Ele abre fontes"*. **Isaías. 35:6-***"Então os coxos saltarão como cervos, e a língua dos mudos cantará; porque águas arrebentarão no deserto e ribeiros no ermo.".*

- Deus abre fontes nos vales: **Salmos. 104:10**- *"Tu que nos vales fazes rebentar nascentes, que correm entre os montes.".*

- Deus abre fontes na rocha: **Êxodo. 17:6**- *"Eis que eu estarei ali diante de ti sobre a rocha, em Horebe, e te ferirás a rocha, e dela sairão águas, e o povo beberá. E Moisés assim o fez, diante dos olhos dos anciãos de Israel.".*

Deus abra fontes na caverna: **Juízes. 15:19**- *"Então o Senhor fendeu a caverna que estava em hoequi; e saiu dela água."* (e o seu espírito tornou, e reviveu).

Querido irmão, talvez você esteja enfrentando uma batalha em um desses lugares: será no deserto, tal qual a nação de Israel? Lembre-se, Deus transforma as águas amargas em água potável.

 Será no vale, igual a Davi?

Não tema mal algum porque o Senhor Deus está aí do seu lado.

 E, se é entre as pedras ou rochas, como aconteceu a Moisés? Então se prepare para ver o milagre que Deus vai operar. Porém se a sua batalha se dá na caverna, assim como aconteceu com Elias, para vencer o mundo: confia no Senhor, porque você não irá morrer porque o Senhor tem fonte da água da vida. **Apocalipse. 7:17**- "*Porque o cordeiro que está no meio do trono os apascentará, e lhes servirá de guia para as fontes das águas da vida; e Deus limara de seus olhos toda a lágrima.*".

 E Elanã, filho de Jaaré-Origim... Lendo esta frase, já não é citado mais o nome de Davi nesta batalha contra este gigante (outro, Golias), nem o nome de Abisai, e muito menos, o de Sibecai: não que eles estivessem ausentes na peleja, mas o momento de exaltação agora, não pertencia a eles, Deus queria exaltar a Elanã, era o seu momento de glória, e os demais teriam que concordar com isto. Deus o tinha escolhido para aquele momento, sua oportunidade havia chegado. Quem era Elenã? Como já mencionamos ele era filho de Jaaré-Origim. O nome Elanã, no hebraico quer dizer: Deus é clemente.

Houve mais que um Elanã, mencionado na bíblia.

I Crônicas. 11:26- *"E foram os heróis dos exércitos: Azael, irmão de Joabe, Elanã filho de Dodó, de Belém..." E também, outro que está registrado em: I Crônicas. 20:5-"E tornou a haver guerra com os filisteus: e Elanã, filho de Jair, feriu a Lami, irmão de Golias, o geteu, cuja haste da lança era como órgão de tecelão.".*

Confesso, aos irmãos leitores, que não consigo avaliar, se Elanã sentiu alegria ou tristeza, por ter que enfrentar aquele gigante, mas ouso acreditar que, aquele momento talvez, seria único na vida daquele homem. Ele tinha nas mãos duas opções: enfrentar e vencer ou desistir e correr; contudo, ele preferiu ficar e encarar a luta. Talvez até ele pensasse consigo: *"quantos elanãs estão esperando uma chance como esta, e jamais a tiveram, porém comigo aconteceu e não vou desperdiçá-la. Eu vou encarar de frente esta peleja, vencerei e entrarei para a história."*

Que lições, tiraremos, para nosso proveito? Muitas vezes, pessoas iguais a nós, estão esperando uma chance na vida, e quando ela surge, nós queremos barrá-las, na maioria das vezes, por sentimentos maldosos de invejas, engano, e até mesmo por motivos fortes, como vingança, etc.

Ah! se as lideranças entendessem que não podem e não devem usar de manipulação para torcerem os momentos e as situações que Deus proporciona só para aqueles pequeninos dEle, então, em vez de ficarem entristecidos e magoados, se alegrariam ao verem Deus exaltando um servo seu. Embora saibamos que é possível até atrapalhar, mas, barrar alguém que Deus quer exaltar, jamais.

O escritor sagrado, não hesitou em citar, que Elanã era um valente do exército de Davi. Ele não foi considerado valente só porque matou o gigante, mas por ser um guerreiro valoroso.

Paremos para pensar um pouco: Será que o gigante apareceu pra ele no primeiro dia da batalha?

Posso afirmar, quase com certeza que não, até porque Deus não permitiria tal coisa. Vejamos: no caso de Davi, ele já tinha tido a experiência de matar o leão e o urso.

Davi não era homem de guerra, digo, até aquele

momento, porém no seu interior, ele se recusava a aceitar a afronta do adversário, ou seja, era um guerreiro valente como era Elanã. Quando surgiu o primeiro gigante, ele não temeu, porque já era um valente.

Quem sabe você que está lendo este livro, tem sido contado com os covardes, e talvez por isso, corre todas as vezes que lhe aparece um gigante... Tome a partir de hoje, uma atitude e decida participar, se tornando um valente do exército do Deus Vivo.

Então, quando se levantar um gigante, por maior que pareça, você não irá mais correr, mas enfrentará e vencerá, seja qual for a situação. O nome do Senhor será glorificado através de você, e Deus á seu tempo, lhe exaltará.

Talvez o gigante que Deus permitiu levantar-se em sua vida, seja:

- A faculdade que você começou e não terminou;

- O seu patrão se levantou contra você, e aborrecido ou amedrontado, lhe pediu a conta;

- A filha ou o filho que você tanto ajudou, esperando um retorno compensador, no momento está decepcionado com ele.

- E tantas outras coisas que nos afrontam. Se fôssemos buscar na bíblia sagrada, nos faltaria tempo para escrever acerca de tantos homens de Deus que lutaram e venceram, às vezes, querendo até desistir, mas acreditaram que Deus era, e é Poderoso para lhes dar vitória. Vejamos alguns exemplos de homens de Deus que lutaram, sem desistir; e venceram. Compare se o seu gigante é maior do que o deles e mais foram obrigados a enfrentá-los:

- Oséias, era abandonado pela esposa:

- Ezequiel, perdeu a esposa, com um golpe:

- Jeremias, foi colocado numa cisterna:

 Sem falar em Jó, que foi afrontado num só momento por vários gigantes, e, tantos outros servos do Deus Altíssimo.

 Leitor querido, as afrontas virão até mesmo dos gigantes, é inevitável, mas fique firme e não desista, o gigante é grande, mas vai cair por terra, porque Deus é fiel à sua palavra.

 O nome Elanã significa: Deus é clemente.

A palavra clemente; quer dizer: bondoso; ou

benigno. Um estudioso da bíblia sabe que, em Israel, quando nascia uma criança, era lhe dado o nome, de acordo com o momento ou situação do seu nascimento, e tudo era relacionado com o aspecto de Deus. No que diz respeito à Elanã, sua mãe ou seu pai no momento deveria estar vivendo um momento bom que Deus lhe estava concedendo, então agradecidos ao Senhor pela dádiva de um filho, colocou o nome que significa: Deus é clemente; bondoso; benigno.

Assim, todas as vezes que alguém chamava pelo nome de Elanã, estava dizendo: Deus é clemente. Façamos uma analogia: o gigante chegou para afrontar alguns soldados israelitas.

Alguém sugeriu, vai Elanã; Deus é clemente; e bom; é benigno...

Querido irmão, vá em frente, Deus é bom, á benigno e não o deixará cair diante do inimigo. Um Deus, ou único Deus, bondoso não o deixará ir sozinho, enfrentar o gigante, mas *"Dará ordem aos seus anjos para que lhe guardem..."*.

- Filho de Jaaré - Oregim...

Quando lemos atentamente, constatamos que Elanã saiu vitorioso da peleja contra o gigante, mas, o que o levou a conseguir tão grande vitória?

- Primeiro, Deus o havia escolhido para aquela ocasião, e para aquela peleja.

- Segundo, porque ele estava no lugar certo, na hora certa e não retrocedeu diante da peleja, nem do gigante.

- Terceiro, por ser ele, um guerreiro valente, e dentro da batalha.

- Quarto, Elanã possuía uma boa estrutura familiar, e a família não é apenas, a base da sociedade, mas também, a base de todo o ser humano individualmente, ou na condição de indivíduos carentes e necessitados de calor humano, carinho e atenção, etc.

Por fim, ele tinha creio, numa figura paterna em quem podia se espelhar. Quando se tem um pai que dá apoio, e uma mãe ajudadora, não é difícil vencer os gigantes.

Quantos jovens que conheço quando se deparam com os embates da vida, caem derrotados, e requer um sacrifício imenso, para erguê-lo, para que se levante. E quando formos a estudar as causas e motivos de tantas derrotas, descobrimos que esses jovens, parecem que perderam a identidade, o nome e até o sobrenome, pois muitos deles sequer mencionam o nome dos pais. Muitas das vezes perdem a motivação e o objetivo pelo qual lutar, pelos sonhos e ideais que foram por água abaixo, e isto é terrível.

A horrível verdade é que a nossa sociedade está entrando em decadência, e a razão disso, é porque as famílias estão se desintegrando, e os lares desmoronando.

As adolescentes procuram um espelho dentro de casa, que deveria ser a mãe, e não encontrando, se perdem no mundo da prostituição e das drogas. Os jovens ainda buscam a figura paterna pra se apoiar também, não a encontrando, partem para as drogas, isto é, quando não escolhem por opção, são empurrados pelo diabo para se tornarem homossexuais. O diabo tem assolado as famílias, mas o poder do nome de Jesus pode mudar essa história de derrota e decadência, basta que nós, pais e mães cristãos, venhamos acordar, e nos tornemos pessoas, às quais, nossos filhos queiram nos imitar pelo nosso testemunho de amor a Deus e a eles.

Como que um pai que espanca a esposa e os filhos; chega em casa de madrugada, bêbado, etc... quer que seus filhos venham a se tornar vencedores? Ou, por que não falamos de uma mãe, que ao invés de apoiar os filhos, dizendo-lhes que Jesus os ama, e o quanto eles são importantes para Deus e para ela, passa o dia maldizendo, xingando-os e até amaldiçoando suas vidas.

Vejamos o que a bíblia diz acerca dos pais e filhos: O primeiro mandamento com promessa é: honrar pai e mãe, para que se prolonguem seus dias na terra.

Porém, a mesma bíblia fala aos pais:

"Pais, não provoqueis a ira de vossos filhos...".

Como iremos ter uma família alicerçada, se não aceitarmos e seguirmos os conselhos da palavra de Deus. Portanto, pais, não deixem que seus filhos venham a perder o sobrenome, a sua identidade. Deixem-nos espelharem em vocês, tornem isto possível. Não quero que isto venha a ser tido como uma regra incontestável, pois há casos na bíblia, de jovens que não tiveram o pai presente, também não conviveram com a mãe e, no entanto, não perderam a identidade.

- José ficou um bom tempo longe de seu pai (sua mãe já havia morrido), contudo, guardou tudo o que tinha aprendido com ele: guardou e venceu.

- Davi, não era tão querido pela família, mas tinha prazer em dizer que era filho de Jessé, o belemita.

- Infelizmente, não dá pra escrever a respeito de tantos que venceram, a despeito de terem vivido longe de seus pais. Ah! como é bom quando os nossos filhos têm prazer em dizer: eu sou filho de meu pai, amigo e honesto, e de uma mãe companheira e ajudadora.

O autor desse livro tem três filhos: Natally, Carlos Eduardo e Deivison.

O Deivison está hoje com 11 anos, e ele diz: pai eu vou estudar e vencer; vou comprar tudo o que o papai precisar. Eu confesso que isso me deixa muito feliz, pois estou tentando fazê-lo se espelhar na minha pessoa.

VENCENDO GIGANTES

EPÍLOGO

Enfim, qual a estratégia que devemos usar para combater este gigante do mundo (egípcio), e quais armas que iremos manusear para vencê-lo nesta peleja?

É necessário entendermos que se o gigante veio do Egito, certamente trouxe os costumes de lá, e serão estes costumes, que ele irá utilizar como armas para derrubar o crente.

Para que não sejamos vencidos por ele, são-nos dados três conselhos, como filho de Deus que, somos:

- Não amar o MUNDO. **I João. 2:15**- *"Não ameis o mundo, nem o que no mundo há. Se alguém ama o mundo, o amor do Pai não está nele."*.

- Não fazermos aliança com o mundo: **Tiago. 4:4**- *"Adúlteros e adulteras, não sabeis vós que a amizade do mundo é inimizade contra Deus? Portanto qualquer que quiser ser amigo do mundo constitui-se inimigo de Deus."*.

Certamente que, se não amarmos e seus costumes, não seremos inimigos dEle, não correremos o risco de desagradá-lo. O Senhor não quer que vivamos apenas de coisas passageiras, mas, de algo duradouro, consistente. **I João 2:16-17**- *"Porque tudo o que há no mundo, a concupiscência da carne, a concupiscência dos olhos e a soberba da vida, não é do Pai, mas do mundo. E o mundo passa, e a sua concupiscência; mas aquele que faz a vontade de Deus permanece para sempre."*.

No evangelho de **Mateus. 16:26**, também está escrito: *"Pois que aproveita ao homem ganhar o mundo inteiro, se perder a sua alma? Ou que dará o homem em recompensa da sua alma?"*.

- Outra razão para não fazermos aliança com o mundo, está escrita em: **I João. 5:19**- *"Sabemos que somos de Deus, e que todo o mundo está no maligno."*.

É necessário saber que uma das melhores armas para derrotar um oponente não é conhecer o nosso ponto forte, mas conhecer o ponto fraco dele; e o ponto fraco do gigante egípcio era não pertencer a nação de Israel; não fazer parte do exército do povo escolhido por Deus. Por isso ele se constituía, como diz a bíblia, inimigo de Deus.

Agora leia atentamente, o que o Senhor disse, no evangelho segundo escreveu **Mateus. 12:30**- *"Quem não é comigo, é contra mim; e quem comigo não ajunta, espalha."*.

Pelo fato do mundo ser contrário a Jesus, Este venceu e, ainda nos fez, e nos faz vencedores, com Ele. **João. 16:33-** *"Tenho-vos dito isto para que em mim tenhais paz; no mundo tereis aflição, mas tende bom animo, eu venci o mundo."*.

Lendo a bíblia descubro que: os piores inimigos de Benaia filho de Joiada, chefe dos sacerdotes, não foram os leões que ele matou, porque leio na bíblia, no livro de **Jó. 4:11**, diz- *"Perece o leão velho, porque não há presa, e os filhos da leoa andam dispersos."*.

É só não nos colocarmos como presas fáceis, para o leão.

Então chego à conclusão que, o maior adversário de Benaia foi o gigante egípcio.

- Ele era: inteligente, racional, era um homem respeitado pelos seus e, andava armado com uma lança. **II Samuel. 23:21-22**- *"Também este feriu um* *homem egípcio, homem de respeito; e na mão do egípcio havia uma lança, porém ele desceu a ele com um cajado e arrancou a lança da mão do egípcio e o matou com sua própria lança. Estas coisas fazem Benaia, filho de Joiada, pelo que teve nome entre três valentes.".*

Como vencer um inimigo que preenchia todos os requisitos, acima citados?

- Usando aquilo que parecia inofensivo, um cajado, sem ter certeza (posso tentar até descrever) como e qual seria o cenário da peleja? Um grande guerreiro, com um cajado na mão...

Parece-me já ter visto este filme antes, Davi, o pequeno pastor de ovelhas. Mas Davi era verdadeiramente, pastor e lançou mão da funda, que também era usada no exército. Entretanto, Benaia não era pastor de ovelhas, mas, um guerreiro, e, no entanto, foi obrigado a usar um cajado para desarmar o gigante.

Eu, pastor Amarildo Silva, posso imaginar, quando Benaia foi descendo com um cajado na mão, o gigante egípcio deve ter olhado para ele e talvez, nem desconfiasse que se tratava de um guerreiro, só pelo fato de ter na mão um cajado.

Deus troca as nossas funções na sua obra? Não estou falando ou me referindo ao corpo, e sim a condição de sermos úteis, onde houver necessidade, e Deus precisar da nossa cooperação por alguns instantes, que seja, porque Ele sabe para que nós fomos chamados; no entanto há momentos que, não se trata apenas de necessidade da obra, mas para que sejamos aperfeiçoados para toda boa obra, então ás vezes é realmente necessário mudar a ferramenta de trabalho. E a razão porque as vezes Deus age desta maneira, é que Ele quer sempre que saiamos como vencedores, todas as vezes que entramos numa peleja. E, para isso, devemos estar prontos para utilizar as armas que estiverem disponíveis, no momento. Aqui começa o segredo para vencer o gigante do Egito:

- Benaia desceu a ele, que é símbolo de humildade;

- Levou um cajado na mão, foi um disfarce e tanto para um grande guerreiro;

- Não se intimidou, era simples, porém prudente;

Tem cristão que ainda não sabe que, uma das sete colunas da sabedoria e a simplicidade. A simplicidade foi um dos grandes trunfos de Jesus, para vencer este gigante chamado mundo. Observe:

quase todas as batalhas contra os gigantes, registradas na bíblia, aconteceram no vale, e, com Benaia não seria diferente.

Outra coisa que devemos tomar nota, é que Benaia era portador de uma destreza, que causava admiração, a qualquer guerreiro de sua época. O cajado era usado pelos pastores, para tirar as ovelhas das situações aparentemente difíceis e auxiliá-las se estivessem debilitadas e indefesas. Talvez, posso dizer, tenha passado pela cabeça de Benaia, o seguinte pensamento:

Vou tratá-lo como ovelha (embora saiba que não é) e quando desarmá-lo, ele se revelará bode, aí então eu o matarei com sua própria arma. Quantos cristãos vivem esta mesma situação quando estão em perigo, agem como ovelhas e logo que saem do mundo tornam-se verdadeiros bodes furiosos, aí morrem pela sua própria arma, denominada: Língua e orgulho. Outro item a ser observado é que, o cajado não era curto, mas alongado para não deixar a ovelha cair no precipício. Se o gigante estava usando um lança, que era uma arma par manter distância, Benaia também, não agiu como tolo, usou um cajado mais longo para fazer o mesmo que ele, ou seja, manter-se distanciado.

O Egito tipifica o mundo e a única forma de vencê-lo com as coisas que ele oferece é tomar como conselho, o que o apóstolo Paulo diz á **Timóteo**, na segunda carta **2:19-24**- *"Todavia o fundamento de Deus fica firme, tendo este selo: O Senhor conhece os que são seus e qualquer que profere o nome de Cristo aparte-se da iniquidade. Ora, uma grande casa não somente há vasos de ouro e de prata, mas também de pau e de barro; uns pra honra, outros, porém para desonra. De sorte que, se alguém se purificar destas coisas, será vaso para honra, santificado e idôneo para uso do Senhor, e preparado para toda boa obra. Foge também dos desejos da mocidade; e segue a justiça, a fé, a caridade, e a paz com os que, com um coração puro, invocam o Senhor. E rejeita as questões loucas, e sem instrução, sabendo que produzem contendas. E ao servo do Senhor não convém contender, mas sim ser manso para com todos, apto para ensinar, sofredor."*.

Os conselhos do apóstolo Paulo, foram benéfico á Timóteo, e até onde conhecemos, Timóteo aprendeu e os pôs em prática, sendo bem sucedido no seu ministério. Se nós fizermos como

Timóteo, não apenas ouvindo, mas colocarmos em prática, os conselhos que a nós são dados, certamente seremos bem sucedidos em nossos ministérios... O conselho principal é: *"Aparta-te do mal"*, em outras palavras: *"Mantenha distância de tudo aquilo que não agrada a Deus"*.

Este soldado chamado Benaia, que ficou registrado na bíblia sagrada, não teve seu espaço apenas, por causa de um episódio, mas pela sua história de vida. Ele não matou o gigante com seu cajado, só o desarmou, porém o matou com própria lança do gigante. Aqui, outra vez é mostrada a sabedoria, até para acabar com o problema; ele não se deixou envolver com o mesmo usou a lança para manter distância e, de longe o matou.

Quantos cristãos que, na intenção de derrotar um gigante, se envolvem em grandes problemas e, ao invés de sair como vencedor, sai como derrotado; isto quando não usam a bíblia para acobertar os próprios erros; e o versículo mais usado para estas pessoas é:

I Coríntios. 9:22- *"Fiz-me de tolo para todos, para por todos os meios chegar a salvar alguns."*.

Querido leitor, quando você tiver que

enfrentar um problema e tiver que resolvê-lo, por exemplo, ajudar alguém sair, do vício da bebida, não vá me dizer que a bíblia apoia a ideia de que: Para resgatar o alcoólatra, você deve acompanhá-lo, bebendo também; para ajudar uma pessoa sair das drogas, seja necessário drogar-se juntamente com ele; a melhor maneira de combater contra o problema não é se envolvendo com o mesmo, mas procurar descobrir a causa, daí partir para solucioná-lo.

Acerca do assunto que estamos comentando, o nosso Deus é Mestre. Vejamos alguns exemplos: Deus as vezes, usa as próprias armas do diabo, para derrotá-lo. Quando uma pessoa que está no mundo e, apronta as maiores atrocidades, ela é considerada como uma arma potente nas mãos de Satanás; porém, quando esta pessoa aceita Jesus, ela se torna uma arma potente nas mãos de Deus, Ele jamais colocou a mão no diabo, ao contrário, Deus sempre manteve distância.

Contudo a igreja que é formada de pessoas que, outrora estiveram na mão do diabo, sendo armas potentes em suas mãos, estas mesmas pessoas, pisarão nele, esmagarão a cabeça da serpente debaixo dos seus pés. **Romanos. 16:20**- *"E o Deus de* *paz esmagará em breve Satanás debaixo dos vossos pés. A graça de nosso Senhor Jesus Cristo seja convosco. Amém.".*

Se estudarmos a fundo a vida do apóstolo Pedro, certamente descobriremos a arma que o gigante usava contra ele. Pedro era muito afoito e as vezes se metia em confusão. Ele cortou a orelha do soldado romano, que vendo este, foi prender Jesus, mas com estas atitudes inesperadas as vezes, também o levou a levantar-se no dia de pentecostes e, pregar o evangelho ganhando quase três mil almas para Cristo.

Querido irmão, peça pra Deus lhe ajudar a fazer das armas que, por tanto tempo o prejudicou, armas que o gigante usou contra você. Pode ser até mesmo o se temperamento explosivo, e por isso, tenha perdido tantos amigos, ou a sua família tenha se afastado, por não suportá-lo, entregue sua vida ao Senhor Jesus, deixe Deus lhe usar e transformar as armas do gigante, a seu favor, para que você venha reconquistar tudo aquilo que tinha perdido. Se quiser obter vitória, não faça aliança com o mundo, mas procure ganhar o mundo para Jesus. **II Samuel. 23:22**- *"Estas coisas fazem, Benaia, filho de Joiada, pelo que teve nome entre três valentes.".*

Como ficar ou entrar pra história:

Lendo a bíblia sagrada constatamos que: para obter salvação o homem não precisou ou não fez nada, Jesus fez tudo; E a salvação é pela fé em Cristo Jesus. É de graça. **Efésios. 2:8**- *"Porque pela graça sois salvos, por meio da fé, e isto não vem de vós; é dom de Deus."*.

Não é difícil entender que, para receber o salário do mês, é necessário trabalhar; assim, para passar para história, foi preciso que alguém fizesse algo extraordinário, para o bem ou para o mal: Ex: Hitler, e tantos outros iguais a ele, que fizeram o que era mal, mas houve também quem executou boas ações, efeitos maravilhosos, e Benaia foi um deles. O que ficou registrado a seu respeito foi que ele matou três leões e um gigante egípcio. Mas agora estas façanhas que foram consideradas extraordinárias, ele conseguiu vencer outros gigantes:

Vejamos o exemplo do primeiro gigante citado neste livro, a quem chamei de: gigante da rebelião. Talvez você, querido irmão, esteja se perguntando, quando ocorreu esta peleja, pois não a encontrei na bíblia?

Não estou me referindo a um confronto, uma luta direta com um gigante físico, porém me refiro a uma decisão de escolha: ficar do lado de um rebelde e, apoiá-lo se tornando um dos rebelados, ou continuar na posição e, vencer mais um gigante que havia derrotado um dos filhos de Davi, chamado Absalão**. I Reis. 1:8**- *"Porém Zadoque, o sacerdote, e Benaia, filho de Joiada, e Natã, o profeta e Simei, e Rei, e os valentes que Davi tinha, não estavam com Adonias."* No primeiro livro de reis, está relatada a história de um dos filhos de Davi, cujo nome era Adonias. A este, seu Pai Davi, jamais o tinha contrariado; antes de Davi morrer, ele queria ser proclamado rei de Israel, e isto ele o fez por conta própria. **I Reis. 1:5-** *"Então Adonias, filho de Hagite se levantou, dizendo: eu reinarei. E preparou carros, e cavaleiros, e cinquenta homens, que corressem diante dele.".*

A verdade é que Adonias queria usufruir de um direito que segundo a lei, era correto, pois sendo ele o filho mais velho, humanamente falando era um direito que lhe pertencia. Mas, por outro lado, a promessa havia sido feita há Salomão, e sendo assim, todos os que ficassem do lado, e acompanhassem a Adonias, estavam em rebelião contra o rei Davi.

A diferença entre ser valente, e ser sábio: Quando Adonias se levantou para se auto proclamar rei de Israel, com ele se aliou: Joabe, filho de Zeruia, e Abiatar o sacerdote; os quais o ajudavam, seguindo a Adonias. Quem era Joabe? Era um sobrinho de Davi e, chefe, ou um dos chefes do seu exército; era, portanto, um guerreiro. Foi ele quem matou Absalão, filho de Davi, que havia se rebelado contra o seu pai.

O mais interessante é que, Joabe, da primeira vez matou um rebelde, e, por não vigiar, acabou se tornando também rebelde, quando se aliou com Adonias. Joabe foi um grande guerreiro, até certo ponto, porém não foi sábio para discernir a vontade do rei Davi. Outra pessoa que se aliou a Adonias foi Abiatar, cujo nome significa; Pai da abundância; ele foi o décimo primeiro sumo sacerdote.

Quando seu pai foi morto com mais de oitenta e cinco sacerdotes, ele conseguiu escapar com vida, e depois daquele acontecimento, ajuntou-se com Davi, em Adulão. **I Samuel. 22:22-23**- *"Então Davi disse a Abiatar: bem sabia eu naquele dia que, estando ali Doeque, o idumeu, não deixaria de o* *denunciar a Saul: eu dei ocasião contra todas as almas da casa do teu pai. Fica comigo, não temas, porque quem procurar a minha morte também procurará a tua, pois estarás salvo comigo.".*

Quando lemos a cerca de Abiatar, e imaginamos a misericórdia de Davi para com ele, eu penso: será que este sujeito mesmo sendo um sacerdote, não deveria ser grato a Davi, pelo resto da vida... Logo descobrimos que, na primeira oportunidade, ele se aliou com um rebelde, somente por causa da posição que ele ocupava. Abiatar foi outro que, apesar de ser sacerdote, não foi sábio, com relação a sua decisão.

Quando Deus prova a nossa fidelidade para com os outros: Em **I Reis. 1:8**, vemos a atitude de um homem que não apenas matou leões e gigantes em sua mocidade, mas, também continuou, mais tarde, um pouco mais velho, não aceitando, coisas erradas, principalmente quando se tratava de rebeliões. Existem pessoas, novas convertidas, que são verdadeiros guerreiros. Tem coragem para enfrentar os leões da vida e os gigantes que se levantam contra ele: tem uma posição definida quanto a vontade de Deus. Todavia, passado algum tempo, elas (as pessoas) passam a concordar com tudo que é errado, não apenas, adere às rebeliões, mas torna-se um rebelde.

Cuidado querido irmão, Jesus, disse a segunda carta a igreja de Smirna. **Apocalipse. 2:10**- *"Nada temas das coisas que hás de padecer. Eis que o diabo lançará alguns de vós na prisão, para que sejais tentados; e tereis uma tribulação de dez dias. Sê fiel até a morte, e dar-te-ei a coroa da vida."*.

Sabemos que o segredo não é só começar bem, mas prosseguir e concluir aquilo que começou. Vejamos qual a vontade de Deus, concernente ao assunto relacionado com o: começar e concluir.

É só ficarmos atentos ao que Deus faz: quando ele começa uma obra, Ele a conclui. **Filipenses. 1:6**- *"tendo por certo isto mesmo, que aquele que em vós começou a boa obra a aperfeiçoará até o dia de Jesus Cristo."*.

Assim como o Senhor Deus todo poderoso foi com Benaia, fazendo dele um exemplo de fidelidade, mesmo servindo ao exército, apenas no terceiro mês**. I Crônicas. 27:5-6**- *"O terceiro capitão do exército do terceiro mês era Benaia, filho de Joiada, oficial maior e chefe: também em sua turma havia* *vinte quatro mil"*.

Era este Benaia um varão entre os trinta e sobre os trinta; e sobre a sua turma estava Amizabade, seu filho. Benaia é o tipo de pai que toda criança e também o jovem, gostaria de ter. Ele não foi só um matador de feras, que escolheu trilhar os mesmos caminhos do seu pai, ou seja, fazer parte do exército, para defender os interesses do rei e da própria nação.

E como eu, pastor Amarildo, desejo que os meus filhos, ao olharem para mim, não me venham a ter como mais um homem, mas que vejam em mim e me tenham como um pai que procura defender os interesses do Reino de Deus e da família.

<u>Conclusão</u>: procurei, através deste livro, explorar ao Máximo o campo de gigantes que tem os seus registros na bíblia sagrada; os quais tiveram todos, uma história de luta e, jamais de vitória. Todos eles foram derrotados por alguém, dentre o povo, que Deus levantou. Agora cabe a você querido irmão, saber ou perceber, qual destes gigantes é o que está lhe afrontando, querendo destituí-lo. Portanto tome uma atitude e, levante-se

contra ele; peça a ajuda do Senhor Deus, todo poderoso em nome de Jesus.

- *"Um certo soldado que foi para guerra, deixou escrita uma carta, na qual dizia: Se eu morrer no campo de batalha, por favor, não me enterrem junto com os covardes, porque jamais abandonarei o meu comandante, pois ele fez o mesmo por mim, foi até o fim. Assinado: Um simples servo a serviço do seu Senhor.".*

Que o Senhor Deus nos ajude, não só quando saímos para a batalha ou pelejar contra os gigantes, mas, que ao sairmos dela, tenhamos o mesmo ânimo e sentimento do apóstolo Paulo, para continuarmos firmes para recebermos as condecorações do Pai Celestial.

Paulo escreveu já no limiar da sua partida, antevendo a glória que já prontamente os esperava no céu.

"Combati o bom combate, acabei a carreira e guardei a fé.

Resta para mim a coroa da justiça que o justo Juiz me dará naquele dia não só a mim, mas a todos quantos amarem a sua vinda. Amém."

Bibliografia

Bíblia Sagrada, João Ferreira de Almeida, revista e corrigida, SBB.

O novo comentário da Bíblia, F. Davidson, Edições Vida Nova.

Comentário Bíblico Moody, Charles F. Pfeiffer e Everett F Harrison Volumes 1 e 2, IBR.

Comentário Judaico do Novo Testamento, David H. Stern, Atos.

Pequena Enciclopédia Bíblica, Orlando Boyer, Editora Vida.

Novo Dicionário da Bíblia, J. D. Douglas, Edições Vida Nova.

Dicionário Bíblico Universal, Buckland, Editora Vida.

Mini-Dicionário da Língua Portuguesa, Aurélio Buarque Ferreira, Editora Nova Fronteira.

Dicionário Vine, W. E. Vine, Merril F. Unger, William W. Jr., CPAD.

Agradecimentos:

Ao Deus de toda Glória cuja misericórdia para comigo se renova a cada manhã. À mãe dos meus filhos Creusa Maria de Lourdes, a todos os pastores amigos que nos cedem os púlpitos de suas igrejas para ministrar a poderosa Palavra de Deus em suas festividades, e a todos os irmãos e irmãs espalhados por todo o Brasil, que direta ou indiretamente contribuíram para a realização desta obra.

Pastor Amarildo, inverno de 2003.